W0363345

AUJOURD'HUI C'EST MEILLEUR
À LA MAISON !

la Pâtisserie

AUJOURD'HUI C'EST MEILLEUR
À LA MAISON !

la Pâtisserie

Marabout

SOMMAIRE

40 PIÈCES

Préparation + cuisson **40 minutes**

Chouquettes

INGRÉDIENTS

125 ml d'eau
60 g de beurre
1 c. à s. de sucre
75 g de farine
4 œufs
45 g de sucre perlé

1 Préchauffez le four à 220 °C. Beurrez 2 plaques de cuisson.

2 Préparez la pâte à choux. Portez l'eau, le beurre et le sucre à ébullition dans une petite casserole. Ajoutez la farine, remuez sur le feu jusqu'à ce que le mélange se détache des parois de la casserole et forme une boule souple. Hors du feu, incorporez 3 œufs un à un, en battant, jusqu'à ce que la pâte devienne lisse et brillante.

3 À l'aide d'une cuillère, mettez la pâte à choux dans une poche à douille munie d'un embout lisse de 1 cm de diamètre. Formez des petits disques de pâte sur les plaques, en les espaçant d'environ 5 cm. Badigeonnez-les d'œuf battu sur toute leur surface et parsemez de sucre perlé.

4 Faites cuire 20 minutes environ jusqu'à ce que les choux soient dorés et gonflés. Servez chaud.

ASTUCE

Ces chouquettes sont meilleures dégustées rapidement. Le sucre perlé est un sucre blanc à gros grains qui garde sa forme quand il est exposé à la chaleur ou à l'humidité ; vous en trouverez dans les magasins spécialisés.

20 PIÈCES

Préparation + cuisson **1 h 15 (+ réfrigération)**

Choux à la crème

INGRÉDIENTS

125 ml d'eau
60 g de beurre coupé en petits cubes
1 c. à s. de sucre
75 g de farine
3 œufs
1 c. à s. de sucre glace

CRÈME PÂTISSIÈRE
750 ml de lait
150 g de sucre
1 c. à c. d'extrait de vanille
50 g de fécule de maïs
6 jaunes d'œufs

1. Préparez la crème pâtissière. Faites chauffer le lait, le sucre et l'extrait de vanille dans une casserole, en remuant, puis portez à ébullition. Mélangez avec un fouet la fécule de maïs et les jaunes d'œufs. Incorporez petit à petit le mélange au lait chaud, avec un fouet. Remettez le tout dans la casserole et remuez sur le feu jusqu'à épaississement. Filmez au contact et placez 4 heures au réfrigérateur.

2. Préchauffez le four à 220 °C. Beurrez 2 plaques de cuisson.

3. Préparez la pâte à choux comme indiqué page 6, en incorporant 2 œufs. Fouettez l'œuf restant et incorporez-en suffisamment dans la pâte pour qu'elle devienne lisse et brillante.

4. Déposez des cuillerées à soupe rases de pâte sur les plaques de cuisson, en les espaçant de 5 cm. Faites cuire 10 minutes. Baissez le four à 180 °C et poursuivez la cuisson 15 minutes. Pratiquez une petite ouverture sur la base de chaque chou, puis enfournez 10 minutes pour que les choux soient secs. Laissez refroidir sur les plaques.

5. Avec une cuillère, mettez la crème pâtissière dans une poche à douille munie d'un embout lisse de 5 mm de diamètre, puis fourrez-en les choux. Saupoudrez-les de sucre glace tamisé.

10 PIÈCES

Préparation + cuisson **1 h 30**

Choux tout choco

INGRÉDIENTS

125 ml d'eau
60 g de beurre coupé en petits cubes
1 c. à s. de sucre
75 g de farine
2 c. à s. de cacao en poudre
3 œufs
250 ml de crème entière fouettée

MOUSSE AU CHOCOLAT

90 g de chocolat noir en gros morceaux
160 ml de crème entière
1 œuf, blanc et jaune séparés
1 c. à s. de sucre

1. Préparez la mousse au chocolat. Faites fondre le chocolat et la moitié de la crème au bain-marie, lissez la préparation. Laissez refroidir 5 minutes, puis incorporez le jaune d'œuf. Battez le reste de la crème jusqu'à la formation de pics mous. Battez le blanc d'œuf jusqu'à la formation de pics mous ; ajoutez le sucre et battez jusqu'à ce qu'il soit dissous. Incorporez d'abord la crème dans la préparation au chocolat, puis le blanc en neige. Couvrez et placez toute la nuit au réfrigérateur.

2. Préchauffez le four à 220 °C. Beurrez 2 plaques de cuisson.

3. Préparez la pâte à choux comme indiqué page 6, en ajoutant le cacao en même temps que la farine, puis en incorporant 2 œufs. Fouettez l'œuf restant et incorporez-en suffisamment dans la pâte pour qu'elle devienne lisse et brillante.

4. Déposez des cuillerées à soupe bombées de pâte sur les plaques, en les espaçant de 5 cm. Faites cuire 10 minutes. Baissez le four à 180 °C et faites cuire 15 minutes. À l'aide d'un couteau à dents, coupez les choux en deux ; faites-les sécher 5 minutes au four. Laissez refroidir sur les plaques.

5. Fouettez la crème avec un batteur électrique. Avec une cuillère, mettez la mousse au chocolat dans une poche à douille munie d'un embout cannelé de 1,5 cm de diamètre. Garnissez la base des choux de mousse. Recouvrez de crème fouettée, puis ajoutez la partie supérieure des choux. Saupoudrez de cacao tamisé.

20 PIÈCES

Préparation + cuisson **1 h 15**

Choux à la framboise & au mascarpone

INGRÉDIENTS

125 ml d'eau
60 g de beurre coupé en petits cubes
1 c. à s. de sucre
75 g de farine
3 œufs
200 g de framboises fraîches

CRÈME AU MASCARPONE
250 g de cream cheese à température ambiante
250 g de mascarpone
250 ml de crème épaisse
160 g de confiture de framboises

GLAÇAGE À LA FRAMBOISE
50 g de framboises fraîches
160 g de sucre glace
10 g de beurre ramolli
1 c. à c. d'eau chaude, environ

1. Préchauffez le four à 220 °C. Beurrez 2 plaques de cuisson.

2. Préparez la pâte à choux comme indiqué page 6, en incorporant 2 œufs. Fouettez l'œuf restant et incorporez-en suffisamment dans la pâte pour qu'elle devienne lisse et brillante.

3. Déposez des cuillerées à soupe rases de pâte sur les plaques, en les espaçant de 5 cm. Faites cuire 10 minutes. Baissez la le four à 180 °C et faites cuire 15 minutes. À l'aide d'un couteau à dents, coupez les choux en deux. Remettez-les 5 minutes au four pour qu'ils soient secs. Laissez refroidir sur les plaques.

4. Préparez la crème au mascarpone. Battez le cream cheese et le mascarpone avec un batteur électrique. Incorporez la crème épaisse puis la confiture, de façon à obtenir un effet marbré.

5. Préparez le glaçage. Passez les framboises à travers un tamis fin placé au-dessus d'un petit récipient ; jetez les graines. Tamisez le sucre glace au-dessus du coulis. Incorporez le beurre et suffisamment d'eau pour obtenir une pâte épaisse. Faites chauffer au bain-marie et remuez jusqu'à ce que le glaçage puisse être étalé.

6. Garnissez la base des choux de crème au mascarpone, puis recouvrez avec la partie supérieure des choux. Nappez de glaçage et ajoutez 1 framboise sur chaque chou.

18 PIÈCES

Préparation+ cuisson **1 heure (+ refroidissement)**

Petits choux à la noix de coco

INGRÉDIENTS

160 ml d'eau
50 g de beurre coupé en petits cubes
1 c. à s. de sucre
100 g de farine
3 œufs
35 g de noix de coco râpée
150 g de pastilles de chocolat blanc

CRÈME PÂTISSIÈRE À LA NOIX DE COCO

500 ml de lait
5 jaunes d'œufs
110 g de sucre
35 g de fécule de maïs
2 c. à s. de liqueur de noix de coco
40 g de beurre

1. Préchauffez le four à 220 °C. Beurrez 2 plaques de cuisson.

2. Préparez la pâte à choux comme indiqué page 6, en incorporant 2 œufs. Versez la pâte dans une poche à douille munie d'un embout lisse de 1,5 cm. Déposez 18 tas de pâte de 4 cm de diamètre sur les plaques, en les espaçant de 5 cm. Au pinceau, étalez dessus le dernier œuf légèrement battu. Enfournez 10 minutes. Baissez le four à 160 °C puis laissez cuire encore 20 minutes. Éteignez le four et laissez les choux refroidir à l'intérieur, la porte entrouverte.

3. Préparez la crème pâtissière à la noix de coco. Portez le lait à ébullition dans une casserole sur feu moyen. Battez les jaunes d'œufs, le sucre et la fécule de maïs et incorporez peu à peu le lait chaud. Reversez la crème dans la casserole, placez sur feu moyen et fouettez jusqu'à épaississement. Retirez du feu, incorporez la liqueur et le beurre, et mélangez. Filmez au contact et laissez refroidir à température ambiante.

4. Faites une petite ouverture dans le dessous de chaque chou. Versez la crème dans une poche à douille munie d'un embout lisse de 8 mm de diamètre. Remplissez les choux de crème en insérant l'embout dans le trou des choux.

5. Faites fondre le chocolat au bain-marie. Versez la noix de coco râpée dans une assiette creuse. Trempez les choux dans le chocolat fondu puis dans la noix de coco et laissez durcir sur une grille.

30 PIÈCES

Préparation + cuisson **1 h 15 (+ refroidissement)**

Choux à la glace

INGRÉDIENTS

160 ml d'eau
50 g de beurre coupé en petits cubes
1 c. à s. de sucre
100 g de farine
3 œufs
300 ml de crème glacée à la fraise

GLAÇAGE

160 g de sucre glace
1 c. à s. de jus de citron, environ

1. Préchauffez le four à 220 °C. Beurrez 2 plaques de cuisson.

2. Préparez la pâte à choux comme indiqué page 6, en incorporant 2 œufs. Avec une cuillère, mettez la pâte à choux dans une poche à douille munie d'un embout lisse de 1,2 cm de diamètre. Formez 30 tas de pâte de 3 × 4,5 cm en forme de goutte d'eau sur les plaques, espacés de 3 cm. Battez légèrement le dernier œuf et étalez-le sur le dessus au pinceau. Enfournez 10 minutes. Baissez le four à 160 °C et poursuivez la cuisson 15 minutes. Éteignez le four et laissez les choux refroidir à l'intérieur, la porte entrouverte.

3. Préparez le glaçage. Tamisez le sucre glace dans un bol et mélangez-y juste ce qu'il faut de jus de citron pour obtenir une pâte lisse. Mélangez au-dessus d'une petite casserole d'eau bouillante jusqu'à ce que le glaçage ait la consistance convenable pour être étalé. Recouvrez de film alimentaire jusqu'au moment de l'utiliser.

4. À l'aide d'un couteau à dents, découpez le tiers supérieur des choux. Évidez les choux au besoin. Mettez 1 petite cuillerée de glace dans la base de chaque chou, puis replacez les chapeaux. Avec une petite cuillère, étalez du glaçage sur le dessus des choux.

ASTUCE

Pour former les choux, positionnez l'embout de la poche à douille près de la plaque et appuyez vers le bas pour terminer par une petite pointe.

18 PIÈCES

Préparation + cuisson **2 h 15**

Éclairs au caramel

INGRÉDIENTS

395 g de lait concentré sucré
125 ml d'eau
60 g de beurre coupé en petits cubes
1 c. à s. de sucre roux
75 g de farine
3 œufs
500 ml de crème entière, fouettée

GLAÇAGE AU CARAMEL
30 g de beurre coupé en gros cubes
55 g de sucre roux
1 c. à s. de lait
55 g de sucre glace

1. Préchauffez le four à 220 °C. Beurrez 2 plaques de cuisson.
2. Mettez le lait concentré dans un petit plat à four et recouvrez de papier d'aluminium. Placez le plat dans un plat à four plus grand. Versez de l'eau bouillante dans le grand plat, jusqu'à mi-hauteur du plat à l'intérieur. Enfournez 1 h 15. Laissez refroidir, puis fouettez pour lisser le caramel.
3. Préparez la pâte à choux comme indiqué page 6, en incorporant 2 œufs. Fouettez l'œuf restant et incorporez-en suffisamment dans la pâte pour qu'elle devienne lisse et brillante.
4. Mettez la pâte dans une poche à douille munie d'un embout lisse de 1,5 cm de diamètre. Formez des quenelles de 8 cm de long sur les plaques, espacées de 5 cm. Faites cuire 10 minutes. Baissez le four à 180 °C et poursuivez la cuisson 15 minutes. À l'aide d'un couteau à dents, coupez les éclairs en deux. Remettez 5 minutes au four. Laissez refroidir sur les plaques.
5. Préparez le glaçage au caramel. Faites fondre le beurre. Ajoutez le sucre roux et le lait, et faites chauffer en remuant, sans laisser bouillir. Quand le sucre est dissous, portez à ébullition. Baissez le feu et laissez mijoter 1 minute. Laissez refroidir. Incorporez le sucre glace tamisé.
6. Fouettez la crème avec un batteur électrique. Étalez-la dans la base des éclairs, puis recouvrez de caramel de lait concentré. Fermez les éclairs avec la partie supérieure et nappez-les de glaçage au caramel.

12 PIÈCES

Préparation + cuisson **1 h 15 (+ réfrigération & refroidissement)**

Éclairs au chocolat

INGRÉDIENTS

250 ml d'eau
125 g de beurre coupé en petits cubes
2 c. à s. de sucre
150 g de farine
6 œufs

CRÈME PÂTISSIÈRE AU CHOCOLAT
500 ml de lait
150 g de chocolat noir
2 c. à s. de cacao en poudre
5 jaunes d'œufs
110 g de sucre
50 g de fécule de maïs
50 g de beurre coupé en cubes

GLAÇAGE AU CHOCOLAT
80 g de chocolat noir
80 g de chocolat au lait
40 g de beurre

1. Préparez la crème pâtissière au chocolat. Faites chauffer le lait, le chocolat et le cacao tamisé dans une petite casserole sur feu moyen. Remuez jusqu'à consistance lisse. Portez à ébullition. Battez les jaunes d'œufs, le sucre et la fécule de maïs. Incorporez peu à peu le lait chaud. Reversez la crème dans la casserole, fouettez sur feu moyen jusqu'à ébullition et épaississement. Hors du feu, incorporez le beurre en fouettant jusqu'à ce que la crème soit homogène. Transférez la crème dans un saladier et recouvrez-le de film alimentaire. Placez 2 heures au réfrigérateur.

2. Préchauffez le four à 220 °C. Beurrez 2 plaques de cuisson.

3. Préparez la pâte à choux comme indiqué page 6. Mettez la pâte à choux dans une poche à douille munie d'un embout lisse de 1,5 cm de diamètre. Formez des quenelles de 8 cm sur les plaques, espacées de 5 cm. Enfournez 20 minutes, puis laissez les éclairs refroidir sur une grille. Coupez-les en deux, évidez-les et faites-les sécher 5 minutes au four.

4. Préparez le glaçage au chocolat. Faites fondre les ingrédients au bain-marie en remuant jusqu'à consistance lisse.

5. Versez la crème pâtissière dans une poche à douille munie d'un embout cannelé de 1,5 cm de diamètre et garnissez la partie inférieure des éclairs. Déposez-les sur une grille et recouvrez-les de la partie supérieure. Étalez le glaçage encore chaud sur le dessus.

14 PIÈCES

Préparation + cuisson **40 minutes (+ refroidissement & réfrigération)**

Éclairs framboise-Passion

INGRÉDIENTS

125 ml d'eau
60 g de beurre
1 c. à s. de sucre
75 g de farine
3 œufs

CRÈME FRAMBOISE-PASSION
250 ml de crème entière
1 c. à s. de sucre glace
2 fruits de la Passion coupés en deux
40 g de framboises

GLAÇAGE
1 fruit de la Passion coupé en deux
160 g de sucre glace

1. Préchauffez le four à 220 °C. Beurrez 2 plaques de cuisson.
2. Préparez la pâte à choux comme indiqué page 6, en incorporant 2œufs. Fouettez l'œuf restant et incorporez-en suffisamment dans la pâte pour qu'elle devienne lisse et brillante.
3. Mettez la pâte à choux dans une poche à douille munie d'un embout lisse de 1,5 cm de diamètre. Formez des quenelles de 8 cm sur les plaques, espacées de 5 cm. Faites cuire 20 minutes. Laissez refroidir sur une grille.
4. Battez la crème et le sucre glace tamisé dans un saladier, avec un batteur électrique, jusqu'à la formation de pics mous. Incorporez 2 cuillerées à soupe de pulpe de fruit de la Passion et les framboises légèrement écrasées. Placez au réfrigérateur.
5. Préparez le glaçage. Passez au tamis la pulpe du fruit de la Passion (il vous en faudra environ 1 cuillerée à soupe) ; jetez les graines. Tamisez le sucre glace au-dessus d'un petit récipient. Incorporez suffisamment de jus de fruit de la Passion pour obtenir une pâte épaisse. Faites chauffer au bain-marie et remuez jusqu'à ce que le glaçage soit lisse.
6. À l'aide d'un couteau à dents, coupez chaque éclair en deux. Étalez la crème framboise-Passion dans la base, recouvrez de la partie supérieure de l'éclair, puis nappez de glaçage.

8 PIÈCES

Préparation + cuisson **1 h 15 (+ réfrigération & refroidissement)**

Religieuses au café

INGRÉDIENTS

250 ml d'eau
125 g de beurre coupé en cubes
2 c. à s. de sucre
150 g de farine
6 œufs
60 ml de crème épaisse

CRÈME PÂTISSIÈRE AU CAFÉ
500 ml de lait
60 ml de café fort
5 jaunes d'œufs
110 g de sucre
35 g de fécule de maïs
50 g de beurre coupé en cubes

GLAÇAGE AU CAFÉ
240 g de sucre glace
60 ml de café fort, environ

1. Préparez la crème pâtissière au café. Portez le lait et le café à ébullition. Battez les jaunes d'œufs, le sucre et la fécule de maïs. Incorporez-y peu à peu le lait chaud au café, en fouettant. Reversez la crème dans la casserole et remuez sur feu vif jusqu'à épaississement. Hors du feu, incorporez le beurre. Transférez la crème dans un saladier, filmez et placez 2 heures au réfrigérateur.

2. Préchauffez le four à 200 °C. Beurrez 2 plaques de cuisson.

3. Préparez la pâte à choux comme indiqué page 6. Mettez la pâte dans une poche à douille munie d'un embout lisse de 1,5 cm de diamètre. Formez 8 tas de pâte ronds de 5,5 cm de diamètre et 8 tas ronds de 4 cm de diamètre, espacés de 5 cm. Enfournez les petits choux 20 minutes et les gros choux 25 minutes. Laissez-les choux refroidir sur une grille. Percez un petit trou au fond de chaque chou.

4. Préparez le glaçage au café. Tamisez le sucre glace et incorporez juste ce qu'il faut de café pour obtenir une pâte épaisse. Fouettez au bain-marie.

5. Versez la crème pâtissière au café dans une poche à douille munie d'un embout lisse de 1,5 cm de diamètre et remplissez les choux de crème. Étalez du glaçage sur le dessus des choux. Avant que le glaçage ne durcisse, collez les choux deux par deux.

6. Battez la crème au mixeur. Versez-la dans une poche à douille munie d'un embout cannelé de 5 mm et décorez les religieuses avec de petites noisettes de crème.

12 PIÈCES

Préparation + cuisson **40 minutes (+ refroidissement)**

Profiteroles sauce au chocolat

INGRÉDIENTS

125 ml d'eau
55 g de beurre coupé en petits cubes
½ c. à c. de sucre
75 g de farine
3 œufs
250 g de chocolat noir
300 ml de crème liquide
1 litre de glace aux noix de macadamia

NOIX DE MACADAMIA CARAMÉLISÉES

125 ml d'eau
220 g de sucre
100 g de noix de macadamia concassées

1. Préchauffez le four à 200 °C. Beurrez 2 plaques de cuisson.

2. Préparez la pâte à choux comme indiqué page 6, en incorporant 2 œufs. Versez la pâte dans une poche à douille munie d'un embout lisse de 1 cm. Formez 12 petits tas ronds sur les plaques, espacés de 5 cm. Battez légèrement le dernier œuf et étalez-en sur les choux au pinceau. Enfournez 20 minutes. Laissez refroidir les choux sur une grille.

3. Préparez les noix de macadamia caramélisées. Chemisez une plaque de cuisson de papier sulfurisé. Mélangez le sucre et l'eau dans une casserole placée sur feu vif, sans laisser bouillir, jusqu'à dissolution du sucre. Portez à ébullition et laissez frémir sans couvrir ni remuer jusqu'à l'obtention d'une couleur caramel clair. Retirez du feu, ajoutez les noix de macadamia ; ne remuez pas. Versez sur une plaque et laissez refroidir. Concassez.

4. Cassez le chocolat en morceaux dans une petite casserole, ajoutez la crème et mélangez sur feu doux jusqu'à consistance lisse.

5. À l'aide d'un couteau à dents, coupez les choux en deux, garnissez-les de glace et replacez les chapeaux.

6. Versez un filet de sauce au chocolat sur les profiteroles et parsemez de noix de macadamia caramélisées. Servez accompagné du reste de sauce.

12 PIÈCES

Préparation + cuisson **1 h 15**

Paris-brest

INGRÉDIENTS

125 ml d'eau
60 g de beurre
1 c. à s. de sucre
75 g de farine
3 œufs
2 c. à s. d'amandes effilées
1 c. à s. de sucre glace

CRÈME AU PRALIN
75 g de sucre
2 c. à s. d'eau
25 g d'amandes effilées grillées
500 ml de crème épaisse entière fouettée

1. Préchauffez le four à 220 °C. Beurrez 2 plaques de cuisson.

2. Préparez la pâte à choux comme indiqué page 6, en incorporant 2 œufs. Fouettez l'œuf restant avec une fourchette et incorporez-en suffisamment dans la pâte pour qu'elle devienne lisse et brillante.

3. Mettez la pâte dans une poche à douille munie d'un embout cannelé de 1,5 cm de diamètre. Formez des couronnes de 5,5 cm de diamètre sur les plaques de cuisson, en les espaçant de 5 cm. Parsemez d'amandes effilées.

4. Faites cuire 10 minutes. Baissez le four à 180 °C et poursuivez la cuisson 15 minutes. À l'aide d'un couteau à dents, coupez les couronnes en deux et ôtez le cœur moelleux ; remettez 5 minutes au four. Laissez refroidir sur les plaques.

5. Préparez la crème au pralin. Chemisez une plaque de cuisson de papier sulfurisé. Dans une petite casserole, faites chauffer le sucre et l'eau à feu vif, sans laisser bouillir, jusqu'à ce que le sucre soit dissous. Portez à ébullition et laissez bouillir sans couvrir ni remuer jusqu'à ce que le mélange soit doré. Attendez que l'ébullition retombe, puis ajoutez les amandes ; ne remuez pas. Versez la préparation sur la plaque et laissez-la prendre à température ambiante. Cassez le pralin en morceaux, puis mixez-le finement. Incorporez à la crème fouettée.

6. Étalez la crème sur la base des couronnes. Recouvrez avec la partie supérieure, puis saupoudrez de sucre glace tamisé.

2 PERS.

Préparation + cuisson **1 h 30 (+ repos & réfrigération)**

Croquembouche

INGRÉDIENTS

80 ml d'eau
40 g de beurre coupé en petits cubes
3 c. à c. de sucre
50 g de farine
2 œufs

CRÈME À LA FRAISE
250 ml de lait
2 c. à s. de sucre
1 ½ c. à s. de fécule de maïs
2 jaunes d'œufs
30 g de fraises en morceaux
1 c. à c. de sucre glace

CARAMEL
220 g de sucre
125 ml d'eau

SAUCE AU CHOCOLAT
125 ml de crème liquide
100 g de chocolat noir

1. Préparez la crème à la fraise. Portez le lait et le sucre à ébullition. Mélangez la fécule de maïs et les jaunes d'œufs. Incorporez progressivement le lait chaud. Reversez dans la casserole et remuez sur le feu jusqu'à épaississement. Filmez au contact et laissez refroidir. Placez 4 heures au réfrigérateur. Mélangez les fraises et le sucre glace. Couvrez et placez 1 heure au réfrigérateur. Incorporez les fraises dans la crème pâtissière.

2. Préchauffez le four à 220 °C. Beurrez 2 plaques de cuisson. Préparez la pâte à choux et pochez les choux sur les plaques comme indiqué page 6. Faites cuire 10 minutes à 220 °C et 10 minutes à 180°C. Pratiquez une petite ouverture sur la base des choux, puis faites-les sécher 10 minutes au four. Laissez refroidir sur les plaques. Fourrez les choux de crème à la fraise.

3. Préparez le caramel. Faites chauffer le sucre et l'eau dans une petite casserole, en remuant, sans laisser bouillir. Quand le sucre est dissous, portez à ébullition et laissez bouillir sans couvrir ni remuer jusqu'à l'obtention d'un caramel doré.

4. Préparez la sauce au chocolat. Portez la crème à ébullition dans une petite casserole. Retirez du feu, ajoutez le chocolat et remuez.

5. Pour monter le croquembouche, plongez les choux un par un dans le caramel. Disposez 10 choux en cercle sur un plat de service et ajoutez d'autres choux au centre. Emplez les choux en forme de pyramide. En travaillant rapidement, trempez 2 fourchettes dans le caramel restant et nappez-en légèrement l'ensemble du croquembouche. Servez avec la sauce au chocolat.

8 PERS.

Préparation + cuisson **2 h 20 (+ repos & réfrigération)**

Saint-honoré

INGRÉDIENTS

2 rouleaux de pâte feuilletée
80 ml d'eau
40 g de beurre en cubes
3 c. à c. de sucre
50 g de farine
2 œufs
100 g de chocolat blanc fondu
250 g de fraises en quartiers

CRÈME PÂTISSIÈRE
375 ml de lait
150 g de sucre
Les graines de 1 gousse de vanille
50 g de fécule de maïs
6 jaunes d'œufs
80 ml de crème fouettée

CARAMEL
220 g de sucre
125 ml d'eau

1. Préparez la crème pâtissière comme indiqué page 8. Filmez au contact. Laissez refroidir 20 minutes, puis placez 3 heures au réfrigérateur. Incorporez la crème fouettée dans la préparation, en 2 fois. Couvrez et placez au réfrigérateur.

2. Préchauffez le four à 220 °C. Beurrez des plaques de cuisson. Badigeonnez un des rouleaux de pâte feuilletée avec un peu d'eau ; ajoutez l'autre rouleau par-dessus et pressez fermement. Découpez un disque de 20 cm de diamètre. Disposez-le sur une plaque de cuisson et piquez avec une fourchette.

3. Préparez la pâte à choux comme indiqué page 6. Mettez la pâte dans une poche à douille munie d'un embout lisse de 1,5 cm de diamètre. Recouvrez-en le contour du disque de pâte feuilletée. Sur une autre plaque, formez des disques de pâte à choux de 3,5 cm de diamètre, en les espaçant de 5 cm. Enfournez les 2 plaques 10 minutes. Baissez le four à 180 °C et poursuivez la cuisson 30 minutes. Laissez refroidir sur les plaques.

4. Pratiquez une petite ouverture dans chaque chou. Fourrez-les choux de crème pâtissière. Étalez le reste de crème au centre du gâteau.

5. Préparez le caramel comme indiqué page 30. Plongez les choux un par un dans le caramel et disposez-les sur le contour du gâteau. Garnissez de fraises et nappez de chocolat blanc fondu. En travaillant rapidement, plongez 2 fourchettes dans le reste du caramel et faites des fils de caramel sur le gâteau.

12 PIÈCES

Préparation + cuisson **1 heure (+ refroidissement)**

Noix charentaises

INGRÉDIENTS

160 ml d'eau
50 g de beurre en cubes
1 c. à s. de sucre
100 g de farine
3 œufs
12 noisettes (15 g) grillées et concassées

CRÈME PÂTISSIÈRE PRALINÉE
500 ml de lait
5 jaunes d'œufs
110 g de sucre
35 g de fécule de maïs
125 g de pâte à tartiner au chocolat et aux noisettes
125 g de pralinoise
50 g de beurre

GLAÇAGE AU CHOCOLAT NOIR
125 g de chocolat noir
40 g de beurre

1. Préchauffez le four à 220 °C. Beurrez 2 plaques de cuisson.

2. Préparez la pâte à choux comme indiqué page 6, en incorporant 2 œufs. Mettez la pâte dans une poche à douille munie d'un embout lisse de 1,5 cm de diamètre. Formez 12 tas de pâte de 5 cm de diamètre sur les plaques, espacés de 5 cm. Battez le dernier œuf et étalez-le sur le dessus au pinceau. Enfournez 10 minutes. Baissez le four à 160 °C et laissez cuire encore 20 minutes. Éteignez le four et laissez les choux refroidir à l'intérieur, la porte entrouverte.

3. Préparez la crème pâtissière pralinée. Portez le lait à ébullition dans une casserole. Fouettez les jaunes d'œufs, le sucre et la fécule de maïs. Incorporez peu à peu le lait chaud en fouettant. Reversez le tout dans la casserole, fouettez sur feu moyen jusqu'à ce que la crème bouille et épaississe. Retirez du feu et incorporez la pâte à tartiner, la pralinoise et le beurre, en remuant jusqu'à consistance lisse. Recouvrez de film alimentaire. Laissez refroidir à température ambiante.

4. Percez un petit trou dans le dessous de chaque chou. Versez la crème pâtissière dans la poche à douille munie d'un embout lisse de 8 mm de diamètre. Remplissez les choux de crème.

5. Préparez le glaçage au chocolat noir. Faites fondre le chocolat et le beurre dans une petite casserole à feu moyen et remuez jusqu'à consistance lisse. Disposez les choux sur une grille. Décorez-les d'un filet de glaçage au chocolat noir et parsemez de noisettes. Laissez durcir.

6 PIÈCES

Préparation + cuisson **1 heure (+ réfrigération & refroidissement)**

Cœurs chocolat-framboise

INGRÉDIENTS

160 ml d'eau
50 g de beurre coupé en petits cubes
1 c. à s. de sucre
100 g de farine
3 œufs
150 g de chocolat au lait cassé en morceaux
250 ml de crème épaisse
125 g de framboises fraîches

1. Préchauffez le four à 220 °C. Beurrez 2 plaques de cuisson.

2. Préparez la pâte à choux comme indiqué page 6, en incorporant 2 œufs. Versez la pâte dans une poche à douille munie d'un embout lisse de 1,5 cm de diamètre. Tracez 6 formes de cœur de 10 × 7 cm sur les plaques, espacées de 5 cm. Battez le dernier œuf et étalez-le sur le dessus au pinceau. Enfournez 10 minutes. Baissez le four à 160 °C et laissez cuire encore 20 minutes. Éteignez le four et laissez les choux refroidir à l'intérieur, la porte entrouverte.

3. Faites fondre le chocolat au bain-marie. Laissez tiédir un peu. Dans un saladier, battez la crème au fouet électrique jusqu'à ce que des pics mous se forment, puis incorporez le chocolat. Versez la préparation dans une poche à douille munie d'un embout cannelé de 1,5 cm de diamètre.

4. Coupez les cœurs en deux avec un couteau à dents, puis garnissez les parties inférieures de chocolat avec la poche à douille. Répartissez les framboises, puis remettez les chapeaux. Saupoudrez un peu de sucre glace tamisé, si vous le souhaitez.

6 PIÈCES

Préparation + cuisson **1 heure (+ réfrigération & refroidissement)**

Cygnes à la chantilly

INGRÉDIENTS

160 ml d'eau
50 g de beurre en cubes
1 c. à s. de sucre
100 g de farine
3 œufs
Sucre glace

CHANTILLY
375 ml de crème épaisse
1 c. à c. d'extrait de vanille
2 c. à s. de sucre glace

1. Préchauffez le four à 220 °C. Beurrez 2 plaques de cuisson.

2. Préparez la pâte à choux comme indiqué page 6, en incorporant 2 œufs. Versez les ¾ de la pâte dans une poche à douille munie d'un embout lisse de 1,2 cm de diamètre. Formez 8 corps de cygne de 4 × 6 cm sur les plaques, espacés de 5 cm. Versez le reste de la pâte dans la poche à douille munie d'un embout lisse de 5 mm et formez 8 cous de cygne, de 6,5 cm de long (pas trop fins afin d'éviter qu'ils ne brûlent), sur l'autre plaque. Battez le dernier œuf et étalez sur les corps au pinceau.

3. Enfournez les cous 5 minutes, laissez refroidir sur la plaque. Faites cuire les corps 10 minutes, puis baissez le four à 160 °C et poursuivez la cuisson 20 minutes. Éteignez le four et laissez refroidir à l'intérieur, la porte entrouverte.

4. Préparez la chantilly. Battez la crème, la vanille et le sucre glace tamisé au batteur électrique, jusqu'à ce que des pics fermes se forment. Placez au réfrigérateur.

5. Avec un couteau à dents, découpez le tiers supérieur des corps de cygne et coupez chacun de ces chapeaux en deux pour imiter les ailes. Versez ¾ de la crème dans la poche à douille munie d'un embout cannelé de 1,5 cm de diamètre et garnissez-en les corps. Positionnez les ailes et les cous sur les corps.

6. Versez le reste de la crème dans une autre poche à douille munie d'un embout cannelé de 5 mm de diamètre. Déposez de la crème entre les ailes, puis saupoudrez de sucre glace tamisé.

22 PIÈCES

Préparation + cuisson **30 minutes**

Pets-de-nonne

INGRÉDIENTS

160 ml d'eau
50 g de beurre coupé en petits cubes
1 c. à s. de sucre
100 g de farine
2 œufs
Huile végétale pour la friture

SUCRE À LA CANNELLE

75 g de sucre
2 c. à c. de cannelle

1. Préparez la pâte à choux comme indiqué page 6.
2. Faites chauffer l'huile dans une casserole placée sur feu vif.
3. Mélangez le sucre et la cannelle dans un grand plat.
4. Avec 2 cuillères à café et en procédant en plusieurs fois, plongez de petites boulettes de pâte dans l'huile chaude et laissez frire jusqu'à ce qu'elles soient dorées. Sortez-les avec une écumoire et laissez égoutter sur du papier absorbant.
5. Transférez les pets-de-nonne dans le sucre à la cannelle et secouez le plat pour bien les enrober.

ASTUCE

Pour la friture, l'huile doit être à une température située entre 175 et 190 °C (un cube de pain plongé dans l'huile doit dorer en 30 secondes environ). Vous pouvez aussi déposer la pâte dans l'huile à l'aide d'une poche à douille et d'un petit couteau ou de ciseaux pour couper la pâte. Si l'huile est trop chaude, les pets-de-nonne vont dorer trop vite sans cuire à cœur. Ces beignets sont meilleurs encore tièdes.

34 PIÈCES

Préparation + cuisson **1 h 30 (+ réfrigération & repos)**

Sucettes de choux caramélisés

INGRÉDIENTS

80 ml d'eau
40 g de beurre coupé en petits cubes
3 c. à c. de sucre
50 g de farine
2 œufs

CRÈME PÂTISSIÈRE
330 ml de lait
75 g de sucre
1 c. à c. d'extrait de vanille
2 c. à s. de fécule de maïs
3 jaunes d'œufs

CARAMEL
440 g de sucre
250 ml d'eau

1. Préparez la crème pâtissière comme indiqué page 8. Filmez au contact. Laissez refroidir 20 minutes, puis placez 4 heures au réfrigérateur.

2. Préchauffez le four à 220 °C. Beurrez 2 plaques de cuisson.

3. Préparez la pâte à choux comme indiqué page 6. Déposez des cuillerées à café bombées de pâte sur les plaques, en les espaçant d'environ 5 cm. Faites cuire 10 minutes. Baissez le four à 180 °C et poursuivez la cuisson 15 minutes. Pratiquez une petite ouverture sur la base de chaque chou. Faites cuire encore 10 minutes jusqu'à ce que les choux soient secs. Laissez refroidir sur les plaques.

4. Mettez la crème pâtissière dans une poche à douille munie d'un embout lisse de 3 mm de diamètre, puis fourrez-en les choux.

5. Préparez le caramel comme indiqué page 30. Pour savoir si le caramel est prêt, déposez-en un peu dans de l'eau froide : il doit devenir dur et pouvoir être cassé avec les doigts.

6. Enfoncez 1 bâtonnet à Esquimau dans chaque chou. En travaillant rapidement, plongez les choux dans le caramel, puis posez-les sur une plaque de cuisson chemisée de papier sulfurisé. Laissez prendre à température ambiante.

12 PIÈCES

Préparation + cuisson **1 heure (+ refroidissement & réfrigération)**

Zeppole di San Giuseppe

INGRÉDIENTS

160 ml d'eau
50 g de beurre en cubes
1 c. à s. de sucre
100 g de farine
2 œufs
Huile végétale pour la friture
12 cerises au marasquin
Sucre glace pour saupoudrer

CRÈME PÂTISSIÈRE

160 ml de lait
1 c. à s. de zeste de citron râpé
2 jaunes d'œufs
55 g de sucre
1 c. à s. de fécule de maïs
15 g de beurre

1. Préparez la crème pâtissière. Portez le lait à ébullition avec le zeste de citron. Fouettez les jaunes d'œufs, le sucre et la fécule de maïs puis incorporez le lait chaud peu à peu, en fouettant. Reversez le tout dans la casserole. Fouettez sur feu moyen jusqu'à ce que la crème bouille et épaississe. Hors du feu, incorporez le beurre. Recouvrez de film alimentaire. Placez au réfrigérateur jusqu'à utilisation. Ramenez la crème à température ambiante et fouettez pour qu'elle soit bien lisse.

2. Préparez la pâte à choux comme indiqué page 6. Faites chauffer l'huile à feu vif dans une casserole (160-180 °C).

3. Posez un morceau de papier sulfurisé sur une planche à découper. Versez la pâte dans une poche à douille munie d'un embout cannelé de 1,5 cm de diamètre. Formez 12 spirales de 5 cm de diamètre, en laissant un petit trou au centre et en les espaçant de 6 cm. Avec un cutter, découpez le papier sulfurisé autour de chaque spirale (il est ainsi plus facile de déplacer les spirales de pâte.)

4. En plusieurs fois, plongez les spirales avec leur papier dans l'huile chaude. Avec une pince, ôtez le papier quand il se décolle de la pâte. Laissez frire jusqu'à ce que la pâte soit gonflée et dorée. Sortez les zeppole avec une écumoire et égouttez-les sur du papier absorbant. Laissez refroidir.

5. Égouttez les cerises et séchez-les avec du papier absorbant. Versez la crème pâtissière dans une poche à douille munie d'un embout cannelé de 1,5 cm de diamètre et garnissez de crème le centre de chaque beignet. Surmontez de 1 cerise et saupoudrez de sucre glace tamisé.

16 PERS.

Préparation + cuisson **1 h 45**

Cheesecake feuilleté aux fruits rouges

INGRÉDIENTS

375 ml d'eau
125 g de beurre coupé en petits cubes
1 c. à s. de sucre
225 g de farine
6 œufs
40 g d'amandes effilées grillées
2 c. à c. de sucre glace

GARNITURE AUX FRUITS ROUGES

1 kg de cream cheese à température ambiante
2 c. à c. d'extrait de vanille
220 g de sucre
750 ml de crème entière
250 g de myrtilles fraîches
125 g de framboises fraîches coupées en deux

1. Préchauffez le four à 220 °C. Beurrez 3 plaques de cuisson. Tracez un cercle de 20 cm de diamètre sur 3 feuilles de papier sulfurisé pour vous guider. Chemisez-en les plaques, côté tracé vers le bas.

2. Préparez la pâte à choux comme indiqué page 6. Mettez la pâte dans une poche à douille munie d'un embout cannelé de 1,5 cm de diamètre. Appliquez-la en forme de spirale sur les plaques chemisées de papier sulfurisé, en vous aidant des cercles tracés.

3. Faites cuire 10 minutes au four. Baissez la température à 180 °C et poursuivez la cuisson 45 minutes jusqu'à ce que la pâte soit sèche. Laissez refroidir sur les plaques.

4. Préparez la garniture aux fruits rouges. Avec un batteur électrique, battez le cream cheese, l'extrait de vanille et le sucre jusqu'à l'obtention d'une consistance homogène. Incorporez progressivement la crème. Mettez 500 g de garniture de côté, puis incorporez les fruits rouges dans le reste de préparation.

5. Placez 1 disque de pâte sur un plat de service ; recouvrez-le avec la moitié de la garniture. Ajoutez un autre disque de pâte, puis le reste de garniture. Recouvrez avec le dernier disque de pâte. Nappez les côtés du gâteau de la garniture réservée et collez les amandes dessus. Couvrez et placez 2 heures au réfrigérateur. Garnissez le dessus du cheesecake de quelques fruits rouges et saupoudrez de sucre glace tamisé.

12 PERS.

Préparation+ cuisson **1 h 30 (+ réfrigération & refroidissement)**

Tarte agrumes-vanille

INGRÉDIENTS

2 pâtes brisées rectangulaires
160 ml d'eau
50 g de beurre coupé en petits cubes
1 c. à s. de sucre
100 g de farine
2 œufs
16 rondelles d'orange confites dont 8 finement hachées
180 g de gelée de groseilles

CRÈME PÂTISSIÈRE

330 ml de lait
1 gousse de vanille fendue en deux dans la longueur, les graines grattées
3 jaunes d'œufs
75 g de sucre
2 c. à s. de fécule de maïs
20 g de beurre

1. Préchauffez le four à 220 °C, avec une plaque de cuisson. Assemblez les deux abaisses de pâte brisée, en les faisant se chevaucher sur 5 mm. Étalez un peu d'eau sur la jointure et appuyez bien pour les sceller. Placez la pâte au fond d'un moule rectangulaire de 34 × 11 cm, à bords cannelés et à fond amovible, légèrement beurré. Recoupez les bords, en laissant 5 mm d'excédent. Piquez le fond avec une fourchette. Posez un morceau de papier sulfurisé sur le fond de tarte et ajoutez des haricots secs. Enfournez sur la plaque préchauffée 10 minutes avec les haricots, puis 5 minutes sans. Sortez la pâte du four et baissez la température à 200 °C.

2. Préparez la crème pâtissière. Portez le lait avec la vanille à ébullition. Battez les jaunes d'œufs, le sucre et la fécule de maïs, puis incorporez le lait chaud peu à peu, en fouettant. Filtrez la préparation en la reversant dans la casserole. Jetez la gousse de vanille. Fouettez sur feu moyen jusqu'à épaississement. Hors du feu, incorporez le beurre. Recouvrez de film alimentaire.

3. Préparez la pâte à choux comme indiqué page 6.

4. Recouvrez le fond de tarte d'oranges confites hachées. Avec un batteur électrique, mélangez la crème pâtissière et la pâte à choux dans un saladier. Versez dans le fond de tarte et égalisez la surface. Enfournez 45 minutes (couvrez de papier d'aluminium si la garniture dore trop vite). Attendez 15 minutes avant de démouler la tarte, puis posez-la sur une grille.

5. Faites chauffer la gelée de groseilles et étalez-la sur la tarte tiède. Surmontez de rondelles d'orange confites et servez tiède.

20 PIÈCES

Préparation + cuisson **40 minutes (+ repos & réfrigération)**

Macarons au chocolat

INGRÉDIENTS

120 g de poudre d'amandes
3 blancs d'œufs
55 g de sucre extra fin
160 g de sucre glace
25 g de cacao en poudre
+ 2 c. à c.

GANACHE AU CHOCOLAT
80 ml de crème liquide
150 g de chocolat noir dessert, finement haché

1. Graissez 2 plaques à pâtisserie et chemisez-les de papier sulfurisé. Mixez la poudre d'amandes très finement, puis passez-la au tamis posé sur un récipient. (Cela permet d'obtenir des macarons à la texture très fine. Vous pouvez aussi utiliser de la poudre d'amandes extra fine spécial macarons ; inutile de la mixer.)

2. Montez les blancs d'œufs en neige ferme au batteur électrique. Ajoutez le sucre, continuez à battre jusqu'à dissolution du sucre. Versez le mélange dans un bol, puis incorporez le sucre glace tamisé, 25 g de cacao et la poudre d'amandes, en 2 fois.

3. Remplissez une poche pâtissière munie d'une douille unie de 2 cm de diamètre. Formez 40 macarons de 4 cm de diamètre sur les plaques, en les espaçant de 3 cm. Tapotez les plaques sur le plan de travail, les macarons vont légèrement s'aplatir ; laissez « croûter » 30 minutes jusqu'à ce que les macarons soient secs au toucher.

4. Préchauffez le four à 150 °C. Enfournez les macarons 20 minutes. Sortez-les du four lorsque vous pouvez les pousser délicatement sans les casser. Laissez refroidir sur les plaques.

5. Amenez la crème à ébullition dans une petite casserole ; retirez du feu, ajoutez le chocolat. Remuez pour obtenir une crème bien fluide. Réservez 20 minutes au réfrigérateur, vous aurez une ganache prête à l'emploi.

6. Assemblez les macarons avec 1 cuillerée à café de ganache au chocolat. Saupoudrez un peu de cacao avant de servir.

16 PIÈCES

Préparation + cuisson **1 heure (+ repos)**

Macarons au café

INGRÉDIENTS

240 g de sucre glace
75 g de poudre de noisettes
2 c. à c. de café soluble
1 c. à c. d'eau bouillante
3 blancs d'œufs
2 c. à s. de sucre
2 c. à c. de cacao en poudre

GANACHE AU CHOCOLAT BLANC
80 ml de crème liquide
180 g de chocolat blanc coupé en petits morceaux

1. Beurrez 2 plaques de cuisson et chemisez-les de papier sulfurisé.

2. Mixez le sucre glace et la poudre de noisettes jusqu'à l'obtention d'une consistance fine. Tamisez le mélange et jetez les gros morceaux qui restent dans le tamis. Mélangez le café et l'eau bouillante.

3. Battez les blancs d'œufs dans un bol, avec un batteur électrique, jusqu'à la formation de pics mous. Ajoutez le sucre et battez jusqu'à ce qu'il soit dissous. Transvasez la préparation dans un grand récipient. Incorporez le mélange de sucre glace et de noisettes, ainsi que le café, en 2 fois. À l'aide d'une cuillère, mettez la préparation dans une poche à douille munie d'un embout lisse de 1 cm de diamètre. Formez des disques de 4 cm de diamètre sur les plaques, en les espaçant d'environ 2,5 cm. Tapotez les plaques sur le plan de travail pour que les disques s'étalent légèrement. Laissez « croûter » 30 minutes jusqu'à ce qu'ils soient secs au toucher.

4. Préchauffez le four à 150 °C. Faites cuire les coques 20 minutes. Laissez-les refroidir sur les plaques.

5. Préparez la ganache au chocolat blanc. Portez la crème à ébullition dans une petite casserole. Retirez du feu, ajoutez le chocolat et remuez jusqu'à obtention d'une consistance homogène. Laissez reposer à température ambiante jusqu'à ce que la ganache puisse être étalée.

6. Assemblez les coques des macarons deux par deux avec la ganache. Saupoudrez de cacao tamisé.

16 PIÈCES

Préparation + cuisson **1 heure (+ repos)**

Macarons tropicaux

INGRÉDIENTS

120 g de poudre d'amandes
55 g de mangue séchée coupée en gros morceaux
3 blancs d'œufs
2 c. à s. de sucre
Colorant alimentaire orange
240 g de sucre glace

GANACHE NOIX DE COCO-CITRON VERT

80 ml de crème liquide
180 g de chocolat blanc coupé en petits morceaux
1 c. à c. de zeste de citron vert râpé
¼ de c. à c. d'essence de noix de coco

1. Beurrez 2 plaques de cuisson et chemisez-les de papier sulfurisé. Mixez la poudre d'amandes et la mangue séchée jusqu'à l'obtention d'une consistance fine.

2. Battez les blancs d'œufs avec un batteur électrique jusqu'à la formation de pics mous. Ajoutez le sucre et un peu de colorant, et battez jusqu'à ce que le sucre soit dissous. Transvasez la préparation dans un grand récipient. Incorporez le sucre glace tamisé et le mélange aux amandes, en 2 fois.

3. Mettez la préparation dans une poche à douille munie d'un embout lisse de 1 cm de diamètre. Formez des disques de 4 cm de diamètre sur les plaques, en les espaçant d'environ 2,5 cm. Tapotez les plaques sur le plan de travail pour que les macarons s'étalent légèrement. Laissez « croûter » 30 minutes jusqu'à ce qu'ils soient secs au toucher.

4. Préchauffez le four à 150 °C. Faites cuire les coques 20 minutes. Laissez-les refroidir sur les plaques.

5. Préparez la ganache noix de coco-citron vert. Portez la crème à ébullition dans une petite casserole. Retirez du feu ; ajoutez le chocolat et remuez jusqu'à l'obtention d'une consistance homogène. Incorporez le zeste de citron vert et l'extrait de noix de coco. Laissez reposer à température ambiante jusqu'à ce que la ganache puisse être étalée. Assemblez les coques des macarons deux par deux avec la ganache.

16 PIÈCES

Préparation + cuisson **1 heure (+ repos)**

Macarons forêt-noire

INGRÉDIENTS

100 g de noix de coco râpée
1 c. à s. de cerises confites grossièrement hachées
3 blancs d'œufs
2 c. à s. de sucre
Colorant alimentaire rouge
240 g de sucre glace
2 c. à s. de cacao en poudre

GANACHE CHOCOLAT-CERISE

80 ml de crème liquide
180 g de chocolat noir cassé en petits morceaux
1 c. à s. de kirsch

1. Beurrez 2 plaques de cuisson et recouvrez-les de papier sulfurisé. Mixez finement la noix de coco et les cerises confites.

2. Montez les blancs d'œufs en neige. Quand des pics mous se forment, ajoutez le sucre ainsi qu'un peu de colorant et battez jusqu'à dissolution du sucre. Transférez la préparation dans un saladier. Incorporez le sucre glace et le cacao en poudre tamisés ainsi que le mélange à la noix de coco, en plusieurs fois.

3. Versez la préparation dans une poche à douille munie d'un embout lisse de 1 cm de diamètre. Formez des disques de 4 cm de diamètre sur les plaques, en les espaçant de 2,5 cm environ. Tapotez les plaques sur le plan de travail pour que la pâte s'étale légèrement. Laissez « croûter » 30 minutes jusqu'à ce que les macarons soient secs au toucher.

4. Préchauffez le four à 150 °C. Enfournez les macarons 20 minutes. Laissez-les refroidir sur les plaques.

5. Préparez la ganache chocolat-cerise. Portez la crème à ébullition dans une petite casserole. Retirez du feu, ajoutez le chocolat et remuez jusqu'à consistance lisse. Incorporez le kirsch. Laissez à température ambiante jusqu'à ce qu'elle ait la consistance souhaitée pour l'étaler. Assemblez les macarons deux par deux avec de la ganache.

16 PIÈCES

Préparation + cuisson **40 minutes (+ repos & réfrigération)**

Macarons à la noix de coco

INGRÉDIENTS

3 blancs d'œufs
55 g de sucre
½ c. à c. d'essence de coco
200 g de sucre glace + 2 c. à c.
90 g de poudre d'amandes
20 g de noix de coco râpée

GANACHE AU CHOCOLAT BLANC
60 ml de crème liquide
150 g de chocolat blanc coupé en petits morceaux
2 c. à c. de liqueur à la noix de coco

1. Graissez des plaques de cuisson et chemisez-les de papier sulfurisé.
2. Battez les blancs d'œufs avec un batteur électrique jusqu'à la formation de pics souples. Ajoutez le sucre et l'essence de coco et battez jusqu'à ce que le sucre soit dissous. Transvasez la préparation dans un grand saladier. Incorporez 200 g de sucre glace tamisé, la poudre d'amandes et la noix de coco râpée, en 2 fois.
3. Versez la préparation dans une poche à douille munie d'un embout lisse de 2 cm. Formez des disques de 4 cm sur les plaques, à environ 2 cm de distance. Tapotez les plaques sur le plan de travail pour que les macarons s'étalent légèrement. Saupoudrez avec 2 cuillerées à café de sucre glace tamisé puis laissez « croûter » 30 minutes.
4. Préchauffez le four à 150 °C. Enfournez les macarons 20 minutes, puis laissez-les refroidir sur les plaques.
5. Portez la crème liquide à ébullition dans une petite casserole. Retirez du feu, ajoutez le chocolat blanc et remuez jusqu'à l'obtention d'une consistance homogène. Incorporez la liqueur. Réfrigérez 20 minutes jusqu'à ce que la ganache puisse être étalée. Assemblez les macarons deux par deux avec la ganache.

16 PIÈCES

Préparation + cuisson **40 minutes (+ repos & réfrigération)**

Macarons à l'orange & aux amandes

INGRÉDIENTS

3 blancs d'œufs
55 g de sucre
Colorant alimentaire orange
200 g de sucre glace
120 g de poudre d'amandes
1 c. à c. de zeste d'orange râpé
2 c. à s. d'amandes effilées
115 g de confiture d'oranges

1. Graissez des plaques de cuisson et chemisez-les de papier sulfurisé.
2. Battez les blancs d'œufs avec un batteur électrique jusqu'à la formation de pics souples. Ajoutez le sucre et quelques gouttes de colorant, et battez jusqu'à ce que le sucre soit dissous. Transvasez la préparation dans un grand saladier. Incorporez le sucre glace tamisé, la poudre d'amandes et le zeste d'orange, en 2 fois.
3. Versez la préparation dans une poche à douille munie d'un embout lisse de 2 cm. Formez des disques de 4 cm sur les plaques, à environ 2 cm de distance. Tapotez les plaques sur le plan de travail pour que les macarons s'étalent légèrement. Parsemez d'amandes effilées puis laissez reposer 30 minutes.
4. Préchauffez le four à 150 °C. Enfournez les macarons 20 minutes et laissez-les refroidir sur les plaques.
5. Assemblez les macarons deux par deux avec la confiture d'oranges.

ASTUCE
S'il y a trop de morceaux dans la confiture ou si elle est trop épaisse pour être étalée, réchauffez-la, passez-la au tamis puis laissez-la refroidir avant emploi.

16 PIÈCES

Préparation + cuisson **40 minutes (+ repos & réfrigération)**

Macarons à la pistache & à la fleur d'oranger

INGRÉDIENTS

45 g de pistaches grillées non salées
3 blancs d'œufs
55 g de sucre
Colorant alimentaire vert
200 g de sucre glace + 1 c. à s.
90 g de poudre d'amandes

GANACHE AU CHOCOLAT BLANC
60 ml de crème liquide
150 g de chocolat blanc cassé en morceaux
4 c. à c. d'eau de fleur d'oranger

1. Graissez des plaques de cuisson et chemisez-les de papier sulfurisé. Mixez les pistaches jusqu'à l'obtention d'une poudre fine.

2. Battez les blancs d'œufs avec un batteur électrique jusqu'à la formation de pics souples. Ajoutez le sucre et quelques gouttes de colorant et battez jusqu'à ce que le sucre soit dissous. Transvasez la préparation dans un grand saladier. Incorporez les deux tiers des pistaches en poudre, 200 g de sucre glace tamisé et la poudre d'amandes, en 2 fois.

3. Versez la préparation dans une poche à douille munie d'un embout lisse de 2 cm. Formez des disques de 4 cm sur les plaques, à environ 2 cm de distance. Tapotez les plaques sur le plan de travail pour que les macarons s'étalent légèrement. Saupoudrez 1 cuillerée à soupe de sucre glace tamisé, puis du reste de pistaches en poudre. Laissez « croûter » 30 minutes.

4. Préchauffez le four à 150 °C. Enfournez les macarons 20 minutes, puis laissez-les refroidir sur les plaques.

5. Portez la crème liquide à ébullition dans une petite casserole. Retirez du feu, ajoutez le chocolat blanc et remuez jusqu'à l'obtention d'une consistance lisse. Incorporez l'eau de fleur d'oranger. Réfrigérez jusqu'à ce que la ganache puisse être étalée. Assemblez les macarons deux par deux avec la ganache.

16 PIÈCES

Préparation + cuisson **40 minutes (+ repos & réfrigération)**

Macarons au citron

INGRÉDIENTS

3 blancs d'œufs
55 g de sucre
Colorant alimentaire jaune
200 g de sucre glace + 1 c. à s.
120 g de poudre d'amandes
2 c. à c. de zeste de citron râpé

GANACHE AU CHOCOLAT BLANC

60 ml de crème liquide
150 g de chocolat blanc cassé en morceaux
4 c. à c. de limoncello

1. Graissez des plaques de cuisson et chemisez-les de papier sulfurisé.
2. Battez les blancs d'œufs avec un batteur électrique jusqu'à la formation de pics souples. Ajoutez le sucre et quelques gouttes de colorant et battez jusqu'à dissolution du sucre. Transvasez la préparation dans un grand saladier. Incorporez 200 g de sucre glace tamisé, la poudre d'amandes et le zeste de citron, en 2 fois.
3. Versez la préparation dans une poche à douille munie d'un embout lisse de 2 cm. Formez des disques de 4 cm sur les plaques, à environ 2 cm de distance. Tapotez les plaques sur le plan de travail pour que les macarons s'étalent légèrement. Saupoudrez 1 cuillerée à soupe de sucre glace tamisé puis laissez « croûter » 30 minutes.
4. Préchauffez le four à 150 °C. Enfournez les macarons 20 minutes, puis laissez-les refroidir sur les plaques.
5. Portez la crème liquide à ébullition dans une petite casserole. Retirez du feu, ajoutez le chocolat blanc et remuez jusqu'à l'obtention d'une consistance homogène. Incorporez le limoncello. Laissez reposer à température ambiante jusqu'à ce que la ganache puisse être étalée. Assemblez les macarons deux par deux avec la ganache.

16 PIÈCES

Préparation + cuisson **40 minutes (+ repos & réfrigération)**

Macarons aux framboises

INGRÉDIENTS

3 blancs d'œufs
55 g de sucre
Colorant alimentaire rose
240 g de sucre glace + 1 c. à s.
120 g de poudre d'amandes
1 c. à s. de coulis de framboise

GANACHE CHOCO BLANC & FRAMBOISE

60 ml de crème liquide
150 g de chocolat blanc
1 c. à s. de confiture de framboises chaude et passée au tamis

1. Graissez des plaques de cuisson et chemisez-les de papier sulfurisé.

2. Battez les blancs d'œufs avec un batteur électrique jusqu'à la formation de pics souples. Ajoutez le sucre et quelques gouttes de colorant et battez jusqu'à ce que le sucre soit dissous. Transvasez la préparation dans un grand saladier. Incorporez 240 g de sucre glace tamisé, la poudre d'amandes et le coulis de framboise, en 2 fois.

3. Versez la préparation dans une poche à douille munie d'un embout lisse de 2 cm de diamètre. Formez des disques de 4 cm sur les plaques, à environ 2 cm de distance. Tapotez les plaques sur le plan de travail pour que les macarons s'étalent légèrement. Saupoudrez de sucre glace tamisé, puis laissez « croûter » 30 minutes.

4. Préchauffez le four à 150 °C. Enfournez les macarons 20 minutes, puis laissez-les refroidir sur les plaques.

5. Portez la crème liquide à ébullition dans une petite casserole. Retirez du feu, ajoutez le chocolat blanc cassé en morceaux et remuez jusqu'à l'obtention d'une consistance homogène. Incorporez la confiture et quelques gouttes de colorant. Placez au réfrigérateur jusqu'à ce que la ganache puisse être étalée. Assemblez les macarons deux par deux avec la ganache.

16 PIÈCES

Préparation + cuisson **1 heure (+ repos)**

Macarons chocolat & menthe

INGRÉDIENTS

240 g de sucre glace
120 g de poudre d'amandes
3 blancs d'œufs
2 c. à s. de sucre
Colorant alimentaire vert
1 c. à c. d'essence de menthe poivrée
35 g de biscuits au chocolat coupés en petits morceaux

GANACHE AU CHOCOLAT NOIR

80 ml de crème liquide
180 g de chocolat noir coupé en petits morceaux

1. Beurrez 2 plaques de cuisson et chemisez-les de papier sulfurisé. Mixez le sucre glace et la poudre d'amandes jusqu'à l'obtention d'une consistance fine. Tamisez le mélange et jetez les morceaux qui restent dans le tamis.

2. Battez les blancs d'œufs avec un batteur électrique jusqu'à la formation de pics mous. Ajoutez le sucre et un peu de colorant, et battez jusqu'à ce que le sucre soit dissous. Transvasez la préparation dans un grand récipient. Incorporez le mélange de sucre glace et d'amandes, ainsi que l'essence de menthe, en 2 fois.

3. Mettez la préparation dans une poche à douille munie d'un embout lisse de 1 cm de diamètre. Formez des disques de 4 cm de diamètre sur les plaques, en les espaçant de 2,5 cm. Tapotez les plaques sur le plan de travail pour que les disques s'étalent légèrement. Laissez « croûter » 30 minutes jusqu'à ce qu'ils soient secs au toucher.

4. Préchauffez le four à 150 °C. Faites cuire les coques 20 minutes, puis laissez-les refroidir sur les plaques.

5. Préparez la ganache au chocolat noir. Portez la crème à ébullition dans une petite casserole. Retirez du feu, ajoutez le chocolat et remuez jusqu'à l'obtention d'une consistance homogène. Laissez reposer à température ambiante jusqu'à ce que la ganache puisse être étalée.

6. Étalez la ganache sur les coques, puis répartissez les morceaux de biscuit sur la moitié d'entre elles ; recouvrez des coques restantes.

24 PIÈCES

Préparation + cuisson **50 minutes**

Macarons coco & cerises confites

INGRÉDIENTS

2 blancs d'œufs
110 g de sucre
1 c. à c. d'extrait de vanille
35 g de farine
120 g de noix de coco râpée
6 cerises confites coupées en quatre

1. Préchauffez le four à 150 °C. Graissez des plaques de cuisson et chemisez-les de papier sulfurisé.

2. Battez les blancs d'œufs avec un batteur électrique jusqu'à la formation de pics souples. Ajoutez progressivement le sucre, en battant jusqu'à ce qu'il soit dissous après chaque addition. Incorporez l'extrait de vanille, la farine tamisée et la noix de coco râpée, en 2 fois.

3. Déposez des cuillerées à soupe de la préparation sur les plaques, à environ 5 cm de distance. Décorez chaque macaron avec 1 quartier de cerise confite. Enfournez 30 minutes, puis laissez refroidir sur les plaques.

ASTUCE

Les cerises confites sont disponibles en trois couleurs ; si vous n'en trouvez pas, remplacez-les un autre fruit confit.

28 PIÈCES

Préparation + cuisson **50 minutes**

Macarons coco, canneberges & chocolat blanc

INGRÉDIENTS

2 blancs d'œufs
110 g de sucre
1 c. à c. d'extrait de vanille
35 g de farine
120 g de noix de coco râpée
45 g de canneberges séchées, grossièrement hachées
90 g de chocolat blanc cassé en petits morceaux
28 canneberges séchées, entières

1. Préchauffez le four à 150 °C. Graissez des plaques de cuisson et chemisez-les de papier sulfurisé.
2. Battez les blancs d'œufs avec un batteur électrique jusqu'à la formation de pics souples. Ajoutez progressivement le sucre, en battant jusqu'à ce qu'il soit dissous après chaque addition. Incorporez l'extrait de vanille, la farine tamisée, la noix de coco, les canneberges et le chocolat blanc, en 2 fois.
3. Avec des mains mouillées, façonnez en boules des cuillerées à soupe bombées de la préparation. Disposez-les sur les plaques, en les espaçant de 5 cm environ. Placez 1 canneberge entière sur chaque macaron. Enfournez 25 minutes, puis laissez refroidir sur les plaques.

24 PIÈCES

Préparation + cuisson **1 heure (+ repos)**

Macarons au chocolat & aux noix

INGRÉDIENTS

200 g de noix
2 blancs d'œufs
110 g de sucre
1 c. à c. d'extrait de vanille
1 c. à s. de farine
4 c. à c. de cacao en poudre
90 g de chocolat noir cassé en petits morceaux
60 g de chocolat noir fondu

1. Préchauffez le four à 150 °C. Graissez des plaques de cuisson et chemisez-les de papier sulfurisé. Mixez les noix jusqu'à l'obtention d'une poudre fine.

2. Battez les blancs d'œufs avec un batteur électrique jusqu'à la formation de pics souples. Ajoutez progressivement le sucre, en battant jusqu'à ce qu'il soit dissous après chaque addition. Incorporez l'extrait de vanille, la farine et le cacao tamisés, les noix en poudre et les morceaux de chocolat, en 2 fois.

3. Déposez des cuillerées à soupe bombées de la préparation sur les plaques, à environ 5 cm de distance. Enfournez 25 minutes, puis laissez refroidir sur les plaques.

4. Versez le chocolat fondu en filet sur les macarons refroidis. Laissez prendre à température ambiante.

22 PIÈCES

Préparation + cuisson **55 minutes**

Macarons aux noix de pécan

INGRÉDIENTS

200 g de noix de pécan
2 blancs d'œufs
110 g de cassonade
1 c. à c. d'extrait de vanille
35 g de farine
22 cerneaux de noix de pécan

1. Préchauffez le four à 150 °C. Graissez des plaques de cuisson et chemisez-les de papier sulfurisé. Mixez les noix de pécan jusqu'à l'obtention d'une poudre fine.

2. Battez les blancs d'œufs et le sucre avec un batteur électrique pendant 15 minutes, jusqu'à ce que le sucre soit dissous. Incorporez l'extrait de vanille, la farine tamisée et les noix de pécan en poudre, en 2 fois.

3. Déposez des cuillerées à soupe bombées de la préparation sur les plaques, à environ 5 cm de distance. Disposez une moitié de noix de pécan sur chaque macaron. Enfournez 30 minutes, puis laissez refroidir sur les plaques.

26 PIÈCES

Préparation + cuisson **55 minutes**

Macarons aux amandes & au miel

INGRÉDIENTS

2 blancs d'œufs
110 g de sucre
1 c. à c. d'extrait de vanille
4 c. à c. de miel
35 g de farine
120 g de poudre d'amandes
80 g de noix de coco râpée
20 g d'amandes effilées
1 c. à s. de sucre glace

1. Préchauffez le four à 150 °C. Graissez des plaques de cuisson et chemisez-les de papier sulfurisé.
2. Battez les blancs d'œufs avec un batteur électrique jusqu'à la formation de pics souples. Ajoutez progressivement le sucre, en battant jusqu'à ce qu'il soit dissous après chaque addition. Incorporez l'extrait de vanille, le miel, la farine tamisée, la poudre d'amandes et la noix de coco, en 2 fois.
3. Déposez des cuillerées à soupe de la préparation sur les plaques, à environ 5 cm de distance. Parsemez les macarons d'amandes effilées. Enfournez 45 minutes, puis laissez refroidir sur les plaques.
4. Quand les macarons sont froids, saupoudrez-les de sucre glace tamisé.

18 PIÈCES

Préparation + cuisson **1 h 20**

Macarons aux amandes

INGRÉDIENTS

2 blancs d'œufs
110 g de sucre
125 g de poudre d'amandes
½ c. à c. d'extrait d'amandes
35 g de farine
18 amandes entières, mondées

1. Préchauffez le four à 150 °C. Graissez des plaques de cuisson et chemisez-les de papier sulfurisé.

2. Battez les blancs d'œufs avec un batteur électrique jusqu'à la formation de pics souples. Ajoutez progressivement le sucre, en battant jusqu'à ce qu'il soit dissous après chaque addition. Incorporez la poudre d'amandes, l'extrait d'amandes et la farine tamisée, en 2 fois.

3. Déposez des cuillerées à soupe de la préparation sur les plaques, à environ 5 cm de distance. Placez 1 amande sur chaque macaron. Enfournez environ 1 heure, puis laissez refroidir sur les plaques.

20 PIÈCES

Préparation + cuisson **30 minutes (+ repos)**

Amaretti

INGRÉDIENTS

120 g de poudre d'amandes
220 g de sucre
2 blancs d'œufs
¼ de c. à c. d'extrait d'amande
20 amandes mondées (20 g)

1. Graissez des plaques de cuisson.
2. Battez la poudre d'amandes, le sucre, les blancs d'œufs et l'extrait d'amande avec un batteur électrique pendant 3 minutes. Laissez reposer 5 minutes.
3. Garnissez une poche à douille munie d'un embout lisse de 1 cm de la préparation. Formez des disques d'environ 4 cm de diamètre sur les plaques, en partant du centre vers l'extérieur. Décorez chaque amaretti de 1 amande, et recouvrez-les de papier d'aluminium, sans serrer. Laissez reposer à température ambiante pendant la nuit (voir Astuce).
4. Préchauffez le four à 180 °C. Passez les amaretti au four 12 minutes environ. Laissez reposer 5 minutes sur les plaques avant de les mettre à refroidir sur une grille.

ASTUCE
Ces biscuits seront meilleurs si vous laissez reposer la préparation pendant la nuit. La recette fonctionne aussi si vous faites cuire les amaretti tout de suite, mais ils ne seront pas aussi bons.

34 PIÈCES

Préparation + cuisson **50 minutes (+ repos)**

Bâtonnets de meringue noisette & amande

INGRÉDIENTS

3 blancs d'œufs
165 g de sucre extra fin
120 g de poudre de noisettes
185 g de poudre d'amandes
35 g de farine
100 g de chocolat noir dessert

1. Préchauffez le four à 160 °C. Graissez légèrement 3 plaques à pâtisserie et chemisez-les de papier sulfurisé.

2. Montez les blancs d'œufs en neige. Quand le mélange est mousseux, incorporez progressivement le sucre, 1 cuillerée à soupe à la fois, de manière à bien faire fondre le sucre. Transvasez le mélange dans un récipient plus grand, incorporez les poudres de noisettes et d'amandes, ainsi que la farine tamisée.

3. Remplissez une poche pâtissière munie d'une douille unie de 1,5 cm de diamètre. Sur les plaques, formez des bâtonnets de meringue de 8 cm de long. Enfournez 15 minutes : les meringues sont cuites lorsque vous pouvez les pousser délicatement sans les briser. Laissez refroidir les meringues sur les plaques après les avoir décollé à l'aide d'une spatule.

4. Faites fondre le chocolat au bain-marie. Versez le chocolat fondu dans un petit sachet zip, coupez une pointe du sachet et décorez les meringues d'un filet de chocolat. Laissez prendre à température ambiante.

12 PIÈCES

Préparation + cuisson **1 h 50 (+ refroidissement)**

Meringues aux framboises crème à l'eau de rose

INGRÉDIENTS

250 g de framboises fraîches
3 blancs d'œufs
165 g de sucre
300 ml de crème entière
1 c. à s. de sucre glace
1 c. à c. d'eau de rose

1. Préchauffez le four à 120 °C. Beurrez 2 plaques de cuisson et chemisez-les de papier sulfurisé. Passez 80 g de framboises à travers un tamis fin placé au-dessus d'un bol ; jetez les graines. Coupez le reste des framboises en deux.

2. Battez les blancs d'œufs avec un batteur électrique jusqu'à la formation de pics mous. Ajoutez le sucre, 1 cuillerée à soupe à la fois, en battant jusqu'à ce qu'il soit dissous entre chaque ajout. Incorporez le coulis de framboise de façon à obtenir un effet marbré.

3. À l'aide d'une grande cuillère en métal, formez 12 tas de meringue de la forme de votre choix sur les plaques. Enfournez 1 h 30. Laissez les meringues refroidir dans le four entrouvert.

4. Battez la crème, le sucre glace et l'eau de rose dans un bol avec un batteur électrique jusqu'à la formation de pics mous. Recouvrez les meringues de crème à l'eau de rose et de moitiés de framboise.

8 PERS.

Préparation + cuisson **1 h 30 (+ refroidissement & repos)**

Gâteau meringué au chocolat blanc

INGRÉDIENTS

6 blancs d'œufs
330 g de sucre extra fin
¼ de c. à c. de crème de tartre
½ c. à c. d'extrait de vanille
1 c. à c. de vinaigre blanc
2 c. à c. de fécule de maïs

CRÈME AU CHOCOLAT BLANC

180 g de chocolat blanc cassé en morceaux
500 ml de crème épaisse
1 c. à s. de liqueur d'orange
2 c. à s. de sucre glace

PÊCHES À LA LIQUEUR

4 grosses pêches blanches
60 ml de liqueur d'orange
55 g de sucre extra fin

1. Préchauffez le four à 100 °C. Chemisez 3 grandes plaques de four de papier sulfurisé. Tracez un rectangle de 12 × 30 cm sur chaque feuille de papier. Retournez le papier sulfurisé à l'envers sur les plaques.

2. Montez les blancs d'œufs, le sucre et la crème de tartre en neige ferme, au mixeur. Incorporez en battant l'extrait de vanille, le vinaigre et la fécule de maïs. Répartissez la meringue à l'intérieur des rectangles sans déborder. Enfournez 40 minutes. Laissez-les refroidir dans le four entrouvert.

3. Préparez la crème au chocolat blanc. Faites fondre le chocolat avec 60 ml de crème. Remuez sur feu doux jusqu'à ce que le mélange soit homogène. Transvasez la crème dans un grand saladier et laissez refroidir. Battez le reste de crème, la liqueur et le sucre glace tamisé, au mixeur, jusqu'à ce que de légers pics se forment. Incorporez cette crème, en 2 fois, à la préparation au chocolat.

4. Préparez les pêches à la liqueur. Pratiquez une petite incision en croix sur la peau des pêches près du pédoncule. Recouvrez les pêches d'eau bouillante pendant 30 secondes. Égouttez-les et ôtez leur peau. Coupez-les en deux et dénoyautez-les, puis coupez-les en plusieurs quartiers. Mélangez-les avec la liqueur et le sucre dans un grand saladier, en remuant délicatement. Laissez reposer 20 minutes jusqu'à ce que le sucre soit dissous, en remuant de temps en temps.

5. Placez une meringue sur un plat de service. Étalez dessus la moitié de la crème au chocolat blanc. Superposez une seconde couche de meringue et de crème. Recouvrez avec la dernière meringue. Servez le gâteau avec les pêches à la liqueur.

24 PIÈCES

Préparation + cuisson **1 h 50 (+ réfrigération & refroidissement)**

Meringues au citron

INGRÉDIENTS

2 blancs d'œufs
110 g de sucre
1 c. à c. de jus de citron

LEMON CURD
90 g de beurre doux coupé en morceaux
1 œuf battu
55 g de sucre
½ c. à c. de zeste de citron râpé
2 c. à s. de jus de citron

1. Préparez le lemon curd. Mélangez le beurre, l'œuf, le sucre, le zeste et le jus de citron dans un récipient résistant à la chaleur. Placez-le sur un bain-marie et fouettez environ 10 minutes jusqu'à ce que le mélange nappe le dos d'une cuillère. Placez au moins 3 heures au réfrigérateur.

2. Préchauffez le four à 120 °C. Graissez des plaques de cuisson puis chemisez-les de papier sulfurisé.

3. Battez les blancs d'œufs, le sucre et le jus de citron avec un batteur électrique pendant 15 minutes environ jusqu'à ce que le sucre soit dissous.

4. Versez la préparation dans une poche à douille munie d'un embout cannelé de 2 cm. Formez des étoiles sur les plaques, en les espaçant de 2 cm. Faites cuire les meringues 1 heure. Laissez-les refroidir sur les plaques. Assemblez-les deux par deux avec le lemon curd.

24 PIÈCES

Préparation + cuisson **1 h 25 (+ refroidissement)**

Meringues aux fruits de la Passion

INGRÉDIENTS

2 blancs d'œufs
110 g de sucre
Colorant alimentaire jaune
1 c. à c. de pulpe de fruit de la Passion passée au tamis
1 c. à c. de fécule de maïs

BEURRE AUX FRUITS DE LA PASSION

60 g de beurre doux ramolli
120 g de sucre glace tamisé
1 c. à s. de pulpe de fruit de la Passion

1. Préchauffez le four à 120 °C. Graissez des plaques de cuisson puis chemisez-les de papier sulfurisé.

2. Battez les blancs d'œufs, le sucre et quelques gouttes de colorant avec un batteur électrique pendant environ 15 minutes jusqu'à ce que le sucre soit dissous. Incorporez la pulpe de fruit de la Passion et la fécule de maïs.

3. Versez la préparation dans une poche à douille munie d'un embout cannelé de 2 cm. Formez des étoiles de 4 cm de diamètre sur les plaques, à environ 2 cm de distance. Enfournez 1 heure environ, puis laissez refroidir sur les plaques.

4. Battez le beurre et le sucre glace avec un batteur électrique jusqu'à ce que le mélange soit clair et mousseux. Incorporez la pulpe de fruit de la Passion. Assemblez les meringues deux par deux avec le beurre au fruit de la Passion.

20 PIÈCES

Préparation + cuisson **1 h 25 (+ refroidissement & réfrigération)**

Meringues à l'eau de rose

INGRÉDIENTS

2 blancs d'œufs
110 g de sucre
1 c. à c. d'eau de rose
Colorant alimentaire rose

GANACHE AU CHOCOLAT BLANC
2 c. à s. de crème liquide
90 g de chocolat blanc
2 c. à c. de framboises écrasées

1. Préchauffez le four à 120 °C. Graissez des plaques de cuisson puis chemisez-les de papier sulfurisé.

2. Battez les blancs d'œufs, le sucre, l'eau de rose et quelques gouttes de colorant alimentaire rose avec un batteur électrique, pendant 15 minutes, jusqu'à ce que le sucre soit dissous. Garnissez une poche à douille munie d'un embout cannelé de 2 cm de la préparation. Formez des étoiles de 4 cm de diamètre sur les plaques, en les espaçant de 2 cm. Faites cuire au four 1 heure environ.

3. Portez la crème liquide à ébullition dans une petite casserole. Hors du feu, ajoutez le chocolat blanc coupé en petits morceaux, et remuez jusqu'à homogénéité. Incorporez les framboises écrasées et quelques gouttes de colorant alimentaire rose. Réfrigérez 20 minutes jusqu'à ce que la ganache puisse être étalée. Assemblez les meringues deux par deux avec la ganache.

50 PIÈCES

Préparation + cuisson **1 h 10 (+ refroidissement & repos)**

Meringues au moka & aux noisettes

INGRÉDIENTS

3 blancs d'œufs
165 g de sucre
2 c. à c. de café soluble
2 c. à c. de cacao en poudre
2 c. à c. d'eau chaude
2 c. à c. de liqueur de noisette
50 noisettes entières grillées
180 g de chocolat noir

1. Préchauffez le four à 120 °C. Graissez des plaques de cuisson puis chemisez-les de papier sulfurisé.

2. Battez les blancs d'œufs avec un batteur électrique jusqu'à la formation de pics souples. Ajoutez progressivement le sucre, en battant après chaque addition, jusqu'à ce qu'il soit dissous. Faites dissoudre les granules de café lyophilisé et le cacao en poudre dans l'eau chaude, dans un petit verre résistant à la chaleur ; incorporez la liqueur de noisette. Mélangez la préparation obtenue avec la meringue.

3. Versez le tout dans une poche à douille munie d'un embout lisse de 1 cm. Formez 50 petits tas de 1 cm sur les plaques puis garnissez chacun de 1 noisette. Recouvrez les noisettes du reste de meringue. Enfournez 45 minutes environ, puis laissez refroidir sur les plaques.

4. Faites fondre le chocolat et plongez-y un côté des meringues. Laissez prendre à température ambiante.

50 PIÈCES

Préparation + cuisson **1 h 25 (+ refroidissement & repos)**

Meringues chocolat-orange

INGRÉDIENTS

3 blancs d'œufs
165 g de sucre
1 c. à s. de cacao en poudre
2 c. à c. de zeste d'orange râpé
2 c. à c. de liqueur d'orange
90 g de chocolat noir

1. Préchauffez le four à 120 °C. Graissez des plaques de cuisson puis chemisez-les de papier sulfurisé.
2. Battez les blancs d'œufs avec un batteur électrique jusqu'à la formation de pics souples. Ajoutez progressivement le sucre, en battant après chaque addition, jusqu'à ce qu'il soit dissous. Incorporez le cacao en poudre tamisé, le zeste d'orange et la liqueur à l'orange dans les blancs d'œufs.
3. Déposez des cuillerées à soupe de préparation sur les plaques, en les espaçant de 2 cm. Enfournez 1 heure environ, puis laissez refroidir sur les plaques.
4. Faites fondre le chocolat et versez-le en filet sur les meringues. Laissez prendre à température ambiante.

18 PIÈCES

Préparation + cuisson **1 h 25 (+ refroidissement)**

Meringues chocolat-menthe

INGRÉDIENTS

2 blancs d'œufs
110 g de sucre
2 c. à s. de cacao en poudre
60 g de beurre
80 g de sucre glace
2 c. à c. de lait
½ c. à c. d'essence de menthe poivrée

1. Préchauffez le four à 120 °C. Graissez des plaques de cuisson puis chemisez-les de papier sulfurisé.

2. Battez les blancs d'œufs et le sucre avec un batteur électrique pendant 15 minutes jusqu'à ce que le sucre soit dissous. Incorporez le cacao en poudre tamisé. Garnissez une poche à douille munie d'un embout cannelé de 2 cm de la préparation. Formez des étoiles de 4 cm sur les plaques, en les espaçant de 2 cm. Faites cuire 1 heure, puis laissez refroidir sur les plaques.

3. Battez le beurre avec un batteur électrique avec le sucre glace, le lait et l'essence de menthe poivrée. Assemblez les meringues deux par deux avec la garniture. Saupoudrez de cacao en poudre tamisé avant de servir, si vous le souhaitez.

22 PIÈCES

Préparation + cuisson **2 h 20**

Meringues au chocolat & au lait malté

INGRÉDIENTS

3 blancs d'œufs
110 g de sucre roux
110 g de sucre glace
25 g de cacao en poudre
2 c. à s. de lait malté en poudre
150 g de chocolat au lait fondu

1. Préchauffez le four à 120 °C. Beurrez 3 plaques de cuisson. Pour vous guider, tracez 22 cercles de 6 cm de diamètre sur 3 feuilles de papier sulfurisé, en les espaçant de 2,5 cm environ. Chemisez les plaques des feuilles de papier sulfurisé, côté tracé vers le bas.

2. Battez les blancs d'œufs avec un batteur électrique jusqu'à la formation de pics mous. Ajoutez le sucre roux et battez jusqu'à ce qu'il soit dissous. Incorporez le sucre glace tamisé, le cacao et le lait malté en poudre.

3. Mettez la préparation dans une poche à douille munie d'un embout lisse de 1 cm de diamètre. Formez sur les plaques des disques avec la préparation, en vous aidant des cercles tracés. Faites cuire 2 heures environ. Laissez refroidir dans le four entrouvert.

4. Trempez la partie supérieure des meringues dans le chocolat fondu, puis laissez prendre à température ambiante. Saupoudrez d'un peu de sucre glace tamisé.

6 PERS.

Préparation+ cuisson **1 h 30 (+ refroidissement & réfrigération)**

Mousse & meringues au chocolat

INGRÉDIENTS

250 g de chocolat noir à 50 % de cacao, cassé en morceaux
300 ml de crème épaisse
2 œufs, blancs et jaunes séparés
2 c. à s. de sucre extra fin

MERINGUES AU CHOCOLAT
2 blancs d'œufs
110 g de sucre extra fin
1 ½ c. à s. de cacao en poudre
2 c. à s. d'amandes effilées

1. Faites fondre le chocolat avec 60 ml de crème. Remuez sur feu doux jusqu'à ce que le mélange soit onctueux. Transvasez-le dans un grand saladier. Laissez refroidir 10 minutes. Incorporez les jaunes d'œufs. Battez le reste de crème au mixeur jusqu'à ce que de petits pics se forment. Incorporez cette crème à la préparation au chocolat. Battez les blancs et le sucre au mixeur jusqu'à ce que le sucre soit dissous. Incorporez-les, en 2 fois, dans la préparation au chocolat.

2. Répartissez cette mousse dans 6 verres de 180 ml. Laissez prendre au moins 1 heure au réfrigérateur. (Si la mousse est restée toute la nuit au réfrigérateur, laissez-la environ 20 minutes à température ambiante avant de la servir.)

3. Préparez les meringues. Préchauffez le four à 120 °C. Chemisez une plaque de four de papier sulfurisé. Battez les blancs d'œufs et le sucre jusqu'à ce que le sucre soit dissous. Ajoutez le cacao tamisé, en fouettant à l'aide d'un batteur électrique à vitesse lente. Avec cette préparation, formez 6 rectangles de 5 × 12 cm, espacés de 5 cm, sur la plaque de four. Parsemez-les d'amandes. Faites-les cuire 40 minutes. Laissez refroidir dans le four entrouvert.

4. Servez la mousse avec les meringues.

ASTUCE

Pour que les meringues soient identiques, dessinez des rectangles sur le papier sulfurisé. Retournez le papier et déposez la préparation à l'intérieur des rectangles. Étalez-la avec une spatule en métal et lissez-la. Coupez les bords des rectangles froids avec un couteau aiguisé.

30 PIÈCES

Préparation + cuisson **55 minutes (+ refroidissement)**

Meringues au café & aux noisettes

INGRÉDIENTS

2 blancs d'œufs
110 g de sucre
2 c. à c. de café soluble
½ c. à c. d'eau chaude
3 c. à c. de liqueur de café
35 g de noisettes grillées

1. Préchauffez le four à 120 °C. Beurrez 2 plaques de cuisson et chemisez-les de papier sulfurisé.

2. Montez les blancs d'œufs en neige. Incorporez progressivement le sucre, en fouettant bien après chaque addition.

3. Faites dissoudre le café dans l'eau chaude avant d'ajouter la liqueur. Incorporez ce mélange à la meringue.

4. Versez la meringue dans une poche à douille munie d'un embout cannelé de 5 mm de diamètre. Formez des petits tas sur les plaques, à 2 cm de distance. Décorez chaque meringue de 1 noisette. Faites cuire les meringues 45 minutes au four. Laissez-les refroidir dans le four, porte entrouverte.

50 PIÈCES

Préparation + cuisson **30 minutes (+ réfrigération)**

Palets au beurre

INGRÉDIENTS

250 g de beurre ramolli
160 g de sucre glace
375 g de farine

1. Battez le beurre et le sucre glace tamisé avec un batteur électrique jusqu'à ce que le mélange soit clair et mousseux. Incorporez la farine tamisée, en 2 fois.

2. Pétrissez légèrement la pâte sur un plan de travail fariné jusqu'à ce qu'elle soit lisse. Divisez le pâton en deux et façonnez une bûche de 25 cm de long avec chaque moitié. Enveloppez les deux bûches de film alimentaire et placez-les 1 heure au réfrigérateur pour que la pâte soit ferme.

3. Préchauffez le four à 180 °C. Graissez 2 ou 3 plaques de cuisson et chemisez-les de papier sulfurisé.

4. Coupez les bûches en tranches de 1 cm d'épaisseur. Disposez-les à 2,5 cm de distance sur les plaques et enfournez 10 minutes. Laissez refroidir sur les plaques.

ASTUCE
Ces palets simples peuvent être recouverts de noix, de noisettes, etc. avant d'être cuits au four, ou bien recouverts de glaçage une fois cuits puis plongés dans différentes garnitures. On peut aussi simplement les saupoudrer légèrement de sucre glace tamisé. Si vous voulez aromatiser la pâte, ajoutez une essence ou un extrait de votre choix en battant le beurre et le sucre, ou bien incorporez 1 ou 2 cuillerées à soupe de zeste d'agrume finement râpé.

20 PIÈCES

Préparation + cuisson **30 minutes**

Biscuits de polenta à la mandarine

INGRÉDIENTS

125 g de beurre ramolli
2 c. à c. de zeste de mandarine râpé
110 g de sucre glace
55 g de polenta
150 g de farine
55 g de sucre extra fin

1. Préchauffez le four à 180 °C. Graissez 2 plaques à pâtisserie et chemisez-les de papier sulfurisé.

2. Fouettez le beurre, le zeste de mandarine et le sucre glace tamisé au batteur électrique. Incorporez la polenta et la farine tamisée. Pétrissez la pâte 1 minute sur un plan de travail légèrement fariné jusqu'à ce qu'elle soit bien lisse.

3. Abaissez la pâte avec un rouleau légèrement fariné, sur une épaisseur de 5 mm. À l'aide d'un petit couteau tranchant, découpez les bords de manière à obtenir un rectangle bien net. Découpez la pâte en rectangles de 4 × 6 cm et disposez-les sur les plaques en les espaçant de 2 cm. Abaissez les chutes de pâte et répétez l'opération jusqu'à avoir utilisé toute la pâte.

4. Piquez 3 fois chaque biscuit avec une fourchette. Enfournez pendant 15 minutes : les biscuits sont cuits lorsqu'ils sont légèrement dorés. Saupoudrez-les aussitôt de sucre, puis laissez-les 5 minutes sur la plaque. Mettez les biscuits à refroidir sur une grille.

ASTUCE

Pour récupérer le zeste de mandarine, utilisez de préférence une petite râpe plate. Vous pouvez aussi utiliser du zeste de citron ou d'orange.

30 PIÈCES

Préparation + cuisson **35 minutes (+ réfrigération)**

Galettes aux cacahuètes

INGRÉDIENTS

110 g de farine
½ de c. à c. de bicarbonate de soude
½ c. à c. de cannelle
45 g de flocons d'avoine
25 g de noix de coco râpée
1 c. à c. de zeste de citron râpé
140 g de beurre de cacahuète avec morceaux
165 g de sucre
1 c. à s. de miel liquide
2 c. à s. d'eau froide, environ

1. Mixez la farine, le bicarbonate de soude, la cannelle, les flocons d'avoine, la noix de coco, le zeste de citron et le beurre de cacahuète jusqu'à l'obtention d'une consistance sableuse. Ajoutez le sucre, le miel liquide et assez d'eau pour obtenir une pâte ferme. Pétrissez-la légèrement sur un plan de travail fariné jusqu'à ce qu'elle soit lisse. Couvrez et réfrigérez 30 minutes.

2. Préchauffez le four à 180 °C. Graissez des plaques de cuisson.

3. Divisez le pâton en deux. Abaissez chaque morceau à 5 mm d'épaisseur entre 2 feuilles de papier sulfurisé. Découpez des disques de 6 cm de diamètre dans la pâte. Disposez-les sur les plaques à 2,5 cm de distance et faites-les cuire 10 minutes au four. Laissez reposer sur les plaques 5 minutes avant de mettre à refroidir sur une grille.

24 PIÈCES

Préparation + cuisson **1 heure**

Shortbreads (sablés traditionnels écossais)

INGRÉDIENTS

250 g de beurre ramolli
75 g de sucre
1 c. à s. d'eau
300 g de farine
90 g de farine de riz
2 c. à s. de sucre cristallisé

1. Préchauffez le four à 160 °C. Graissez 2 plaques de cuisson.

2. Battez le beurre et le sucre avec un batteur électrique jusqu'à ce que le mélange soit clair et mousseux. Incorporez l'eau et les farines tamisées, en 2 fois. Pétrissez le mélange sur un plan de travail fariné jusqu'à l'obtention d'une pâte lisse.

3. Divisez le pâton en deux. Façonnez chaque moitié en un disque de 20 cm et mettez-en un sur chaque plaque. Tracez 12 parts sur chaque disque, et piquez-les avec une fourchette. Pincez les bords avec les doigts puis saupoudrez de sucre cristallisé. Enfournez 40 minutes, puis laissez reposer 5 minutes. Découpez les parts avec un couteau aiguisé en suivant les lignes tracées. Laissez refroidir sur les plaques.

ASTUCE

Vous pouvez utiliser du riz blanc moulu à la place de la farine de riz, bien que sa texture soit légèrement moins fine.

18 PIÈCES

Préparation + cuisson **50 minutes (+ réfrigération & repos)**

Galettes complètes au chocolat

INGRÉDIENTS

90 g de beurre ramolli
110 g de cassonade
1 œuf
20 g de noix de coco râpée
35 g de germe de blé
100 g de farine complète
50 g de farine blanche
½ c. à c. de bicarbonate de soude
185 g de chocolat noir fondu

1. Battez le beurre et la cassonade avec un batteur électrique jusqu'à ce que le mélange soit homogène. Ajoutez l'œuf et battez bien. Incorporez la noix de coco, le germe de blé et les deux farines tamisées avec le bicarbonate de soude.

2. Abaissez la pâte entre 2 feuilles de papier sulfurisé à 5 mm d'épaisseur. Disposez-la sur un plateau puis réfrigérez-la 30 minutes.

3. Préchauffez le four à 180 °C. Chemisez des plaques de cuisson de papier sulfurisé. Découpez des disques de 7,5 cm dans la pâte. Disposez-les à environ 2,5 cm de distance sur les plaques. Enfournez 20 minutes puis laissez refroidir sur les plaques.

4. Nappez un côté des biscuits de chocolat et tracez des sillons avec une fourchette. Laissez prendre à température ambiante.

ASTUCE
Par temps frais, conservez les biscuits dans un récipient hermétique à température ambiante ; s'il fait chaud, conservez-les au réfrigérateur.

30 PIÈCES

Préparation + cuisson **1 heure (+ réfrigération)**

Sticks croquants à la pistache & à la fleur d'oranger

INGRÉDIENTS

250 g de beurre ramolli
125 g de sucre glace
1 c. à c. d'eau de fleur d'oranger
70 g de pistaches nature, finement moulues
300 g de farine
70 g de préparation pour crème pâtissière (en sachet)
½ c. à c. de gingembre moulu
½ c. à c. de cardamome moulue
1 c. à c. de cannelle
40 g de noix de coco râpée
2 c. à c. de zeste d'orange râpé
50 g de graines de sésame
30 g de pistaches nature finement hachées

1. Mélangez le beurre et le sucre glace tamisé au batteur électrique jusqu'à l'obtention d'une pommade claire. Ajoutez l'eau de fleur d'oranger en battant. Incorporez les pistaches moulues puis la farine, tamisée avec la préparation pour crème pâtissière et les épices. Mélangez pour obtenir une pâte lisse. Pétrissez délicatement sur un plan de travail fariné jusqu'à obtenir une pâte homogène. Aplatissez la pâte en un disque, enveloppez de film alimentaire et placez 1 heure au réfrigérateur.

2. Graissez légèrement 3 plaques à pâtisserie et chemisez-les de papier sulfurisé.

3. Versez la noix de coco râpée et le zeste d'orange sur une feuille de papier sulfurisé ; versez les graines de sésame sur une deuxième feuille, et les pistaches sur une troisième. Prélevez des cuillerées à soupe de pâte, étirez-la pour former des sticks de 15 cm de long. Préparez un tiers des sticks, badigeonnez légèrement d'eau, puis enrobez-les du mélange coco-zeste. Posez les sticks sur une plaque à pâtisserie. Préparez un autre tiers de sticks, mouillez-les et roulez-les dans les graines de sésame. Répétez la même opération avec le reste de pâte et roulerez les sticks dans les pistaches. Placez 30 minutes au réfrigérateur.

4. Préchauffez le four à 180 °C. Enfournez 15 minutes, en inversant les plaques à mi-cuisson : les sticks sont cuits lorsqu'ils sont bien dorés. Laissez-les 10 minutes sur la plaque, puis mettez-les à refroidir sur une grille.

15 PIÈCES

Préparation + cuisson **1 heure (+ réfrigération & repos)**

Torsades au citron

INGRÉDIENTS

220 g de beurre ramolli
110 g de sucre extra fin
1 c. à c. d'extrait de vanille
1 œuf
1 c. à s. de zeste de citron râpé
300 g de farine
100 g de poudre de noisettes
1 c. à c. de cannelle
1 blanc d'œuf
2 c. à c. d'eau
75 g de sucre demerara (en rayon bio)

GLAÇAGE

240 g de sucre glace
1 c. à s. de jus de citron
1 c. à s. d'eau, si nécessaire

1. Fouettez le beurre et le sucre au batteur électrique jusqu'à l'obtention d'une pommade claire. Ajoutez la vanille, l'œuf et le zeste de citron, fouettez pour obtenir un mélange homogène. Tamisez la farine avec la poudre de noisettes et la cannelle, incorporez au premier mélange. Mélangez pour obtenir une pâte lisse. Aplatissez la pâte en disque, enveloppez de film alimentaire et placez 30 minutes au réfrigérateur.

2. Préchauffez le four à 180 °C. Graissez 3 plaques à pâtisserie et chemisez-les de papier sulfurisé.

3. Prélevez 2 cuillerées à soupe de pâte, étirez-la pour former une ficelle de 30 cm de long. Pliez en deux, vrillez la pâte en laissant 2 cm droit aux extrémités. Répétez l'opération avec le reste de la pâte. Placez les torsades sur une plaque à pâtisserie ; battez légèrement le blanc d'œuf avec 2 cuillerées à café d'eau, badigeonnez-en les torsades. Saupoudrez de sucre demerara. Enfournez 25 minutes. Sortez les torsades du four lorsqu'elles sont bien dorées ; laissez refroidir sur les plaques.

4. Tamisez le sucre glace dans un bol, ajoutez le jus de citron et un peu d'eau ; mélangez. Transvasez dans un verre haut pour avoir un peu de profondeur : plongez les torsades dans le glaçage, en tenant une extrémité. Posez-les sur une plaque recouverte de papier sulfurisé, laissez sécher.

9 PIÈCES

Préparation + cuisson **25 minutes (+ réfrigération)**

Sablés au chocolat & au caramel

INGRÉDIENTS

18 sablés ronds
185 g de chocolat noir cassé en morceaux
2 c. à c. d'huile végétale

GARNITURE AU CARAMEL
110 g de cassonade
60 g de beurre en cubes
2 c. à c. d'eau
1 ½ c. à s. de fécule de maïs
125 ml de lait
1 jaune d'œuf
1 c. à c. d'extrait de vanille

1. Préparez la garniture au caramel. Faites chauffer la cassonade, le beurre et l'eau dans une petite casserole, en remuant, jusqu'à ce que le sucre soit dissous. Incorporez la fécule de maïs et le lait préalablement mélangés. Remuez sur le feu jusqu'à ce que le mélange bouillonne et épaississe. Hors du feu, ajoutez le jaune d'œuf et l'extrait de vanille tout en fouettant. Filmez au contact et réfrigérez au moins 3 heures.
2. Étalez la garniture au caramel sur la moitié des sablés. Recouvrez de l'autre moitié des sablés. Couvrez et placez 1 heure au réfrigérateur.
3. Faites fondre le chocolat au bain-marie. Retirez du feu et incorporez l'huile.
4. Plongez une moitié des biscuits dans le chocolat fondu. Laissez prendre à température ambiante.

32 PIÈCES

Préparation + cuisson **45 minutes**

Torsades vanille-moka

INGRÉDIENTS

125 g de beurre ramolli
110 g de sucre
1 œuf
1 c. à c. d'extrait de vanille
250 g de farine
2 c. à c. de café soluble
2 c. à c. d'eau bouillante
2 c. à s. de cacao en poudre

1. Préchauffez le four à 180 °C. Chemisez des plaques de cuisson de papier sulfurisé.
2. Battez le beurre, le sucre, l'œuf et l'extrait de vanille avec un batteur électrique jusqu'à ce que le mélange soit homogène. Incorporez la farine tamisée, en 2 fois.
3. Divisez le pâton en deux. Faites dissoudre le café dans l'eau bouillante. Incorporez le café et le cacao tamisé à l'une des deux moitiés pour obtenir une pâte au moka.
4. Divisez les deux moitiés en quatre morceaux de taille égale. Façonnez un boudin de 40 cm avec chacun. Tressez un boudin nature avec un boudin au moka, puis détaillez en tronçons de 5 cm. Répétez l'opération avec le reste de pâte nature et de pâte au moka.
5. Disposez les torsades à 2,5 cm de distance sur les plaques. Enfournez 15 minutes environ. Laissez refroidir sur les plaques.

14 PIÈCES

Préparation + cuisson **1 heure (+ réfrigération & repos)**

Petites théières

INGRÉDIENTS

180 g de beurre ramolli
55 g de sucre glace
3 c. à c. de thé Earl Grey
185 g de farine
50 g de fécule de maïs
50 g de chocolat blanc
2 c. à s. de perles de sucre couleur blanc nacré
1 c. à s. de sucre coloré couleur nacre

GLAÇAGE AU LIMONCELLO
400 g de sucre glace
80 ml de limoncello

1. Fouettez le beurre, le sucre glace et le thé dans un robot muni d'une palette. Quand le mélange a blanchi, incorporez la farine et la fécule tamisées ; mixez par à-coups. Sortez la pâte et formez un disque de 1,5 cm d'épaisseur. Enveloppez de film alimentaire, placez 30 minutes au réfrigérateur.

2. Préchauffez le four à 180 °C. Chemisez 2 plaques de papier sulfurisé.

3. Abaissez la pâte au rouleau entre 2 feuilles de papier sulfurisé sur une épaisseur de 8 mm. Découpez des théières à l'aide d'un emporte-pièce. Réutilisez les chutes de pâte. Placez les théières en pâte sur les plaques de cuisson, en les espaçant de 2,5 cm. Enfournez 15 minutes. Laissez refroidir.

4. Faites fondre le chocolat blanc, puis laissez-le tiédir à température ambiante. Remplissez une poche pâtissière en papier (voir ci-dessous) de chocolat. Tracez le pourtour d'une théière sur les biscuits. Laissez prendre le chocolat.

5. Préparez le glaçage au limoncello. Faites chauffer au bain-marie le sucre glace tamisé et la liqueur, lissez le mélange. Laissez refroidir un instant. Appliquez le glaçage à l'intérieur du tracé au chocolat à l'aide d'une spatule en métal. Saupoudrez de perles de sucre et de sucre coloré, laissez prendre.

POCHE PÂTISSIÈRE EN PAPIER

Coupez en diagonale un carré de papier sulfurisé. Le sommet du triangle vers vous, enroulez une pointe de la base pour former un cône, enroulez l'autre pointe autour. Les deux pointes doivent être parfaitement alignées. Agrafez le papier pour maintenir le tout. Attention, la pointe de la poche est fermée.

30 PIÈCES

Préparation + cuisson **50 minutes (+ réfrigération)**

Fleurs au malt

INGRÉDIENTS

125 g de beurre ramolli
110 g de sucre extra fin
1 œuf
2 c. à s. de miel liquide
40 g de Tonimalt®
ou d'Ovomaltine®
375 g de farine

½ c. à c. de bicarbonate
de soude
1 ½ c. à c. de crème de tartre
18 pastilles de chocolat
arc-en-ciel
18 de pistoles de chocolat
noir

GLAÇAGE MALTÉ
240 g de sucre glace
2 c. à s. de Tonimalt®
ou d'Ovomaltine®
2 c. à s. de lait, environ

1. Mélangez le beurre, le sucre et l'œuf au batteur électrique jusqu'à l'obtention d'un mélange homogène. Versez le mélange dans un grand saladier, incorporez le miel, puis les ingrédients secs tamisés, en 2 fois. Pétrissez la pâte sur un plan de travail fariné. Quand elle est homogène, divisez-la en 2 parts égales. Enveloppez chaque moitié de film alimentaire et placez 30 minutes au réfrigérateur.

2. Préchauffez le four à 160 °C. Graissez légèrement 1 ou 2 plaques à pâtisserie et chemisez-les de papier sulfurisé.

3. Abaissez chaque moitié de pâte au rouleau entre 2 feuilles de papier sulfurisé, sur une épaisseur de 5 mm. Découpez les fleurs avec un emporte-pièce puis disposez-les sur les plaques en les espaçant de 2,5 cm. Enfournez 15 minutes : les biscuits doivent être bien dorés. Sortez-les du four et laissez-les refroidir sur les plaques.

4. Préparez le glaçage. Tamisez le sucre glace et le Tonimalt® ou l'Ovomaltine® dans un petit bol, ajoutez un peu de lait, juste assez pour obtenir une pâte épaisse. Faites chauffer au bain-marie au-dessus d'une casserole d'eau frémissante.

5. Appliquez le glaçage sur les biscuits. Placez 1 pistole de chocolat sur la moitié des biscuits, et 1 pastille de chocolat arc-en-ciel sur l'autre moitié. Laissez prendre le glaçage.

30 PIÈCES

Préparation + cuisson **40 minutes (+ réfrigération)**

Tic-tac-toe chocolat-vanille

INGRÉDIENTS

125 g de beurre ramolli
110 g de sucre
1 œuf
1 c. à c. d'extrait de vanille
250 g de farine
2 c. à s. de cacao en poudre
2 c. à c. de lait
50 g de pépites de chocolat blanc
50 g de pépites de chocolat noir

1. Préchauffez le four à 180 °C. Chemisez des plaques de cuisson de papier sulfurisé.

2. Battez le beurre, le sucre, l'œuf et l'extrait de vanille dans un petit saladier avec un batteur électrique jusqu'à ce que le mélange soit homogène. Incorporez la farine tamisée, en 2 fois.

3. Divisez la pâte en deux. Mélangez le cacao tamisé et le lait avec la moitié de la pâte. Couvrez et placez la pâte 30 minutes au réfrigérateur.

4. Abaissez les morceaux de pâte à 5 mm d'épaisseur, entre 2 feuilles de papier sulfurisé. Découpez 15 disques de 6 cm de diamètre dans chaque morceau. Répartissez-les sur les plaques à 2,5 cm de distance environ.

5. Disposez les pépites de chocolat blanc sur les disques au chocolat en formant une croix, et les pépites de chocolat noir sur les disques à la vanille pour former des zéros. Enfournez 15 minutes puis laissez refroidir sur les plaques.

ASTUCE

Il vous faudra 96 pépites de chocolat blanc et 96 de chocolat noir pour former les croix et les zéros.

30 PIÈCES

Préparation + cuisson **30 minutes (+ réfrigération)**

Biscuits complets

INGRÉDIENTS

150 g de farine
60 g de son complet
60 g de flocons d'avoine
½ c. à c. de bicarbonate de soude
60 g de beurre coupé en cubes
110 g de sucre
1 œuf
2 c. à s. d'eau

1. Mélangez la farine, le son, les flocons d'avoine, le bicarbonate de soude et le beurre du bout des doigts. Ajoutez le sucre, l'œuf et suffisamment d'eau pour obtenir une pâte ferme. Pétrissez-la sur un plan de travail légèrement fariné pour qu'elle soit lisse. Couvrez-la de film alimentaire et réfrigérez-la 30 minutes.

2. Préchauffez le four à 180 °C. Beurrez des plaques de cuisson et chemisez-les de papier sulfurisé.

3. Divisez la pâte en deux. Abaissez chaque moitié entre 2 feuilles de papier sulfurisé jusqu'à une épaisseur de 5 mm environ. Découpez des disques de 7 cm de diamètre et placez-les sur les plaques, à 7 cm de distance. Passez-les 15 minutes au four. Laissez les biscuits reposer 5 minutes sur les plaques avant de les mettre à refroidir sur une grille.

30 PIÈCES

Préparation + cuisson **35 minutes**

Bouchées aux noix de pécan

INGRÉDIENTS

40 g de noix de pécan finement broyées
2 c. à s. de miel liquide
125 g de beurre ramolli
¼ de c. à c. d'extrait de vanille
75 g de sucre
1 jaune d'œuf
150 g de farine

1. Préchauffez le four à 180 °C. Beurrez 2 plaques de cuisson et chemisez-les de papier sulfurisé.
2. Dans un saladier, mélangez les noix de pécan avec la moitié du miel liquide.
3. Battez le beurre, l'extrait de vanille, le sucre, le reste de miel et le jaune d'œuf jusqu'à obtenir un mélange homogène. Incorporez la farine tamisée.
4. Prélevez des cuillerées à café bombées de pâte, formez des boudins de 12 cm de long et roulez-les en spirales. Déposez les bouchées sur les plaques, à 3 cm de distance. Décorez-les de noix de pécan au miel et faites cuire 10 minutes au four. Laissez refroidir sur les plaques.

10 PIÈCES

Préparation + cuisson **1 heure (+ réfrigération & repos)**

Petits sablés au miel, crème à l'orange

INGRÉDIENTS

200 g de beurre ramolli
80 g de sucre glace
90 ml de miel
375 g de farine
50 g de fécule de maïs
1 c. à c. de cannelle

CRÈME À L'ORANGE
150 g de beurre ramolli
400 g de sucre glace
60 ml de jus d'orange

1. Mixez le beurre et le sucre glace tamisé au batteur électrique jusqu'à obtenir une pommade claire. Incorporez le miel. Tamisez la farine avec la fécule de maïs et la cannelle, incorporez au premier mélange. Pétrissez la pâte sur un plan de travail fariné jusqu'à ce qu'elle soit lisse. Divisez la pâte en deux, enveloppez chaque moitié de film alimentaire et placez 30 minutes au réfrigérateur.

2. Préchauffez le four à 180 °C. Graissez 2 plaques à pâtisserie et chemisez-les de papier sulfurisé.

3. Abaissez la pâte au rouleau entre 2 feuilles de papier sulfurisé, sur une épaisseur de 5 mm. Découpez 10 biscuits avec l'emporte-pièce rond cannelé, et 10 biscuits avec le tampon découpoir. Réutilisez les chutes de pâte.

4. Placez les biscuits sur les plaques à pâtisserie, en les espaçant de 2,5 cm. Enfournez 12 minutes. Sortez les biscuits du four lorsqu'ils sont à peine colorés. Laissez-les sur la plaque pendant 5 minutes, puis mettez-les à refroidir sur une grille.

5. Préparez la crème à l'orange. Fouettez le beurre et le sucre glace tamisé au batteur électrique jusqu'à l'obtention d'un mélange crémeux. Ajoutez le jus d'orange en continuant à mixer.

6. Versez la crème à l'orange dans une poche à douille munie d'un embout lisse de 1 cm de diamètre. Appliquez de la crème sur les biscuits simples, et assemblez avec les biscuits embossés.

CONGRATS!
HAPPY BIRTHDAY
GOOD LUCK
CONGRATS!

2 PIÈCES

Préparation + cuisson **1 heure (+ réfrigération & repos)**

Couronne d'étoiles & ganache au chocolat

INGRÉDIENTS

1 c. à c. de café soluble
2 c. à c. d'eau bouillante
250 g de beurre ramolli, coupé en dés
2 œufs
330 g de cassonade ou vergeoise brune
25 g de cacao en poudre
525 g de farine (à diviser précisément en deux)

GANACHE AU CHOCOLAT

60 ml de crème liquide
100 g de chocolat noir dessert, en morceaux
1 ½ c. à s. de liqueur de noisette

1. Faites dissoudre le café dans l'eau bouillante. Mixez le beurre, les œufs et le sucre au batteur électrique. Divisez le mélange en deux. Laissez une moitié nature, dans l'autre ajoutez le cacao et le café dissous. Incorporez les deux moitiés de farine dans les 2 bols. Pétrissez chaque pâte sur un plan de travail fariné et enveloppez-les de film alimentaire. Placez les deux pâtes 30 minutes au réfrigérateur.

2. Abaissez chaque pâte au rouleau entre 2 feuilles de papier sulfurisé, sur une épaisseur de 5 mm ; placez les pâtes abaissées sur 2 plaques et réservez 15 minutes au réfrigérateur.

3. Préchauffez le four à 180 °C. Chemisez 2 plaques à pâtisserie de papier sulfurisé. Au stylo, tracez un cercle de 25 cm de diamètre sur chaque papier, puis retournez les papiers. (Les cercles servent à positionner les couronnes.)

4. Il vous faut 3 ou 4 emporte-pièces étoile de tailles différentes. Découpez 40 étoiles avec l'emporte-pièce le plus grand. Découpez des étoiles de différentes tailles avec les autres emporte-pièces. Réutilisez les chutes de pâte. Formez 2 couronne d'étoiles sur les cercles, en les faisant se chevaucher. Enfournez 15 minutes ; laissez refroidir 1 heure minimum sur les plaques, puis faites glisser délicatement les couronnes dans la boîte à gâteaux.

5. Préparez la ganache au chocolat. Faites chauffer la crème liquide dans une casserole ; ôtez du feu dès le premier bouillon. Ajoutez le chocolat et la liqueur, lissez le mélange. Laissez reposer 30 minutes. Présentez les couronnes accompagnées de ganache.

Joyeux Noël

10 PIÈCES

Préparation + cuisson **1 h 30 (+ réfrigération & repos)**

Maisons en pain d'épices

INGRÉDIENTS

125 g de beurre ramolli
125 ml de miel liquide
110 g de cassonade
ou vergeoise blonde
1 jaune d'œuf
375 g de farine
1 c. à s. de gingembre moulu
1 c. à c. de cannelle
¼ de c. à c. de clous de girofle moulus
2 boîtes de Tic Tac®
(1 rose et 1 blanche)
160 g mini-Smarties®
320 g de bandes acidulées rouges

GLAÇAGE ROYAL

240 g de sucre glace tamisé
1 blanc d'œuf légèrement fouetté
1 c. à c. de jus de citron

1. Fouettez le beurre, le miel et le sucre au batteur électrique. Ajoutez l'œuf, mixez. Incorporez la farine, tamisée avec les épices. Pétrissez la pâte sur un plan de travail fariné. Enveloppez-la de film alimentaire et faites-la raffermir 30 minutes au réfrigérateur.

2. Préchauffez le four à 180 °C. Graissez 2 plaques à pâtisserie et chemisez-les de papier sulfurisé.

3. Dessinez et découpez les gabarits dans un carton rigide. Abaissez le pâte sur 3 mm d'épaisseur. Découpez 20 murs latéraux, 20 murs avant et arrière et 20 rectangles pour le toit (procédez par étapes). Faites cuire les biscuits 10 minutes. Faites glisser le papier avec les biscuits sur les grilles et laissez refroidir. Laissez refroidir les plaques et changez de papier après chaque fournée.

4. Préparez le glaçage royal. Incorporez le sucre glace au blanc d'œuf, 1 cuillerée à soupe à la fois, jusqu'à obtenir une consistance souhaitée. Ajoutez le jus de citron juste à la fin, quand le glaçage a la bonne consistance.

5. Remplissez la poche pâtissière en papier (voir page 126) de glaçage, coupez la pointe. Appliquez du glaçage sur la tranche des murs latéraux, avant et arrière, puis assemblez-les (maintenez en place quelques minutes si nécessaire pour stabiliser les maisonnettes). Appliquez un peu de glaçage sur le haut des murs et positionnez les toits. Construisez ainsi 10 maisons. Laissez prendre le glaçage 30 minutes. Décorez les maisons avec des bonbons, en utilisant le glaçage restant. Laissez prendre 30 minutes.

Gabarits pour Maisons en pain d'épices

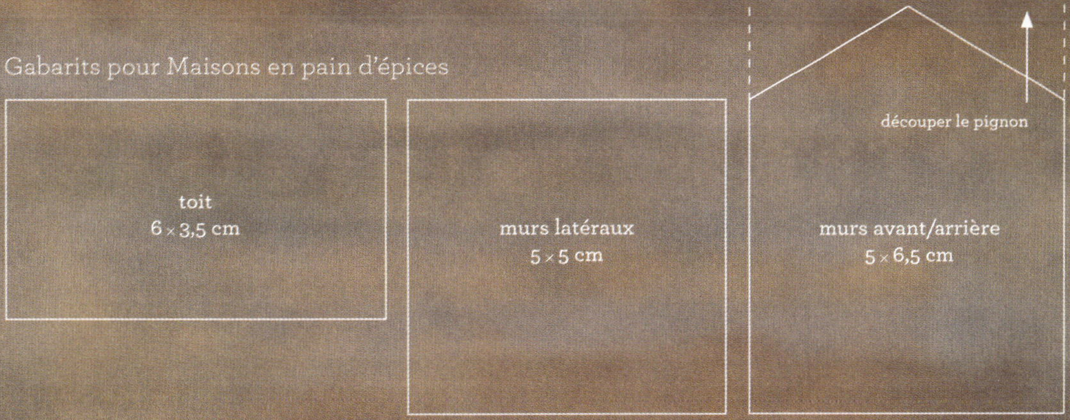

30 PIÈCES

Préparation + cuisson **1 heure (+ refroidissement)**

Minishortbreads à l'orange fourrés à la confiture de lait

INGRÉDIENTS

250 g de beurre ramolli
2 c. à c. de zeste d'orange râpé
120 g de sucre glace
225 g de farine
75 g d'amidon de blé (rayon bio)
2 c. à c. de cannelle
395 g de confiture de lait

1. Préchauffez le four à 160 °C. Graissez 1 ou 2 plaques à pâtisserie et chemisez-les de papier sulfurisé.

2. Fouettez le beurre, le zeste d'orange et le sucre glace tamisé au batteur électrique jusqu'à l'obtention d'un mélange léger et mousseux. Incorporez, en 2 fois, la farine, l'amidon de blé et la cannelle tamisés ensemble. Avec les mains farinées, prélevez des cuillerées à café de pâte et formez des boulettes.

3. Disposez-les sur les plaques en les espaçant de 2,5 cm. Farinez les dents d'une fourchette et aplatissez légèrement les boulettes de pâte avec le dos de la fourchette, de manière à former des biscuits de 3 cm de diamètre. Enfournez 10 minutes. Sortez les shortbreads du four lorsqu'ils sont légèrement dorés, et qu'ils ne se cassent pas quand vous les poussez délicatement sur la plaque. Laissez tiédir 5 minutes sur la plaque puis posez-les sur une grille jusqu'à refroidissement complet.

4. Assemblez les shortbreads deux par deux avec la confiture de lait. Vous pouvez saupoudrer un peu de sucre glace tamisé sur les biscuits avant de les servir.

ASTUCE

Si nécessaire, battez la confiture de lait au fouet pour la rendre bien lisse, puis réservez au réfrigérateur avant d'assembler les shortbreads.

30 PIÈCES

Préparation+ cuisson **40 minutes (+ refroidissement)**

Bouchées fondantes au citron

INGRÉDIENTS

250 g de beurre ramolli
1 c. à c. d'extrait de vanille
80 g de sucre glace
225 g de farine
75 g de fécule de maïs

CRÈME AU BEURRE
90 g de beurre
120 g de sucre glace
1 c. à c. de zeste de citron râpé
1 c. à c. de jus de citron

1. Préchauffez le four à 160 °C. Graissez 2 plaques à pâtisserie et chemisez-les de papier sulfurisé.

2. Fouettez le beurre, la vanille et le sucre glace tamisé au batteur électrique jusqu'à l'obtention d'un mélange léger et mousseux. Tamisez ensemble la farine et la fécule de maïs, puis incorporez au premier mélange, en 2 fois.

3. Avec les mains farinées, prélevez des cuillerées à café de pâte et formez des boulettes. Disposez-les sur les plaques, en les espaçant de 2,5 cm. Aplatissez légèrement les boulettes avec une fourchette farinée pour obtenir des disques de 3,5 cm.

4. Enfournez 15 minutes : les biscuits sont cuits lorsque vous pouvez les pousser délicatement sans les casser. Laissez-les 5 minutes sur les plaques avant de les mettre à refroidir sur une grille.

5. Préparez la crème au beurre. Mélangez le beurre, le sucre glace tamisé et le zeste de citron au batteur électrique jusqu'à l'obtention d'un mélange mousseux de couleur jaune pâle. Ajoutez le jus de citron en continuant à battre.

6. Assemblez les biscuits deux par deux avec la crème au beurre. Saupoudrez éventuellement un peu de sucre glace tamisé sur les biscuits juste avant de les servir.

ASTUCE

Vous pouvez remplacer le citron par un autre agrume.

10 PIÈCES

Préparation + cuisson **1 heure (+ réfrigération)**

Cœurs caramel-cacahuète

INGRÉDIENTS

125 g de beurre ramolli
110 g de sucre extra fin
1 c. à s. de miel liquide
95 g de beurre de cacahuète avec morceaux
225 g de farine
125 ml de confiture de lait
1 c. à s. de sucre glace

1. Fouettez le beurre, le sucre, le miel liquide et le beurre de cacahuète au batteur électrique jusqu'à l'obtention d'un mélange léger et mousseux. Incorporez la farine tamisée, en 2 fois. Couvrez la pâte et placez-la 30 minutes au réfrigérateur.

2. Préchauffez le four à 180 °C. Graissez 1 ou 2 plaques à pâtisserie et chemisez-les de papier sulfurisé.

3. Abaissez la pâte au rouleau entre 2 feuilles de papier sulfurisé, sur une épaisseur de 3 mm. Découpez 10 cœurs de 7 cm avec un emporte-pièce. Avec un emporte-pièce cœur de 4 cm, découpez des cœurs au centre des premiers. Récupérez les chutes de pâte (y compris le centre des cœurs) et abaissez de nouveau ; découpez 10 cœurs de 7 cm, mais cette fois ne découpez pas le centre.

4. Enfournez les cœurs « pleins » et « creux » pendant 10 minutes. Sortez les biscuits du four lorsqu'ils ont une belle couleur dorée ; laissez-les refroidir sur les plaques.

5. Étalez la confiture de lait sur les cœurs pleins, posez un cœur creux sur chaque cœur plein. Saupoudrez de sucre glace tamisé avant de servir.

20 PIÈCES

Préparation + cuisson **40 minutes (+ réfrigération)**

Cœurs framboise & citron

INGRÉDIENTS

300 g de farine
55 g de sucre glace
125 g de beurre froid, coupé en petits dés
1 œuf
1 c. à s. d'eau bien froide
½ c. à c. de pâte de vanille
40 g de cream cheese
60 ml de lemon curd
160 g de confiture de framboises

1. Versez la farine, le sucre glace et le beurre dans le bol d'un robot. Mixez jusqu'à obtenir une fine chapelure. Ajoutez l'œuf, l'eau et la vanille. Pétrissez la pâte sur un plan de travail fariné pour la rendre bien lisse. Aplatissez la pâte en forme de disque, enveloppez-la de film alimentaire et placez 30 minutes au frais.

2. Préchauffez le four à 180 °C. Graissez 2 plaques à pâtisserie et chemisez-les de papier sulfurisé.

3. Abaissez la pâte au rouleau entre 2 feuilles de papier sulfurisé, sur une épaisseur de 3 mm. Découpez 40 cœurs avec un emporte-pièce de 6,5 cm. Déposez 20 cœurs sur une plaque. Posez 1 bâtonnet à la pointe de chaque cœur en appuyant délicatement, de manière à avoir 2 cm de bâtonnet dans le cœur. Avec un emporte-pièce cœur de 4,5 cm, découpez le centre des 20 cœurs restants. Enfournez 10 minutes, en inversant les 2 plaques à mi-cuisson. Laissez refroidir sur les plaques.

4. Appliquez le cream cheese sur la moitié des cœurs pleins. Couvrez avec la moitié des cœurs creux. À la cuillère, disposez un peu de lemon curd au centre, lissez avec le dos d'une cuillère.

5. Faites chauffer la confiture de framboises dans une casserole à feu doux. Laissez cuire 2 minutes en remuant constamment pour bien faire fondre la confiture. Passez la confiture dans un chinois posé sur un récipient. Disposez un peu de confiture sur les cœurs pleins restants, assemblez avec le reste des cœurs creux. À la cuillère, disposez la confiture restante au centre de chaque cœur creux. Laissez refroidir 10 minutes à température ambiante.

10 PIÈCES

Préparation + cuisson **1 h 15 (+ refroidissement)**

Boudoirs à la ganache choco-malt

INGRÉDIENTS

4 œufs, blancs et jaunes séparés
½ c. à c. d'extrait de vanille
110 g de sucre extra fin
100 g de farine
2 c. à s. de sucre glace

GANACHE CHOCO-MALT
50 g de chocolat au lait fondu
40 g de beurre ramolli
160 g de sucre glace
2 c. à s. de Tonimalt®
ou Ovomaltine®
1 c. à s. de lait
½ c. à c. d'extrait de vanille

1. Préchauffez le four à 160 °C. Graissez 2 plaques à pâtisserie et chemisez-les de papier sulfurisé.

2. Fouettez les jaunes d'œufs, la vanille et la moitié du sucre pendant 5 minutes avec un batteur électrique jusqu'à ce que le mélange fasse le ruban. Battez les blancs d'œufs et le sucre restant jusqu'à l'obtention d'une meringue lisse et brillante. Réservez. Incorporez la farine tamisée au mélange jaunes d'œufs-sucre. (Utilisez de préférence une grande cuillère en métal, qui permettra de conserver l'air présent dans la pâte.) Incorporez délicatement la meringue, en 2 fois, jusqu'à l'obtention d'une pâte homogène.

3. Versez le mélange dans une poche à douille munie d'un embout lisse de 2 cm de diamètre. Formez des boudoirs de 2 × 8 cm sur les plaques, en les espaçant de 2 cm. Saupoudrez d'un peu de sucre glace. Enfournez 25 minutes. Éteignez le four quand les boudoirs sont croustillants en surface ; laissez-les refroidir dans le four, porte entrouverte.

4. Préparez la ganache choco-malt. Faites fondre le chocolat. Retirez du feu, ajoutez les autres ingrédients et mixez au batteur électrique pour obtenir une ganache bien lisse. Versez la ganache choco-malt dans une poche à douille munie d'un embout lisse de 1 cm de diamètre. Garnissez la moitié des boudoirs, assemblez avec les boudoirs restants.

50 PIÈCES

Préparation + cuisson **40 minutes (+ refroidissement & repos)**

Baci di dama

INGRÉDIENTS

100 g de beurre ramolli
75 g de sucre extra fin
100 g de poudre de noisettes
100 g de farine

GANACHE AU CHOCOLAT
200 g de chocolat noir à 70 % de cacao, haché
80 g de beurre coupé en dés
30 g de noisettes grillées, finement hachées

1. Préchauffez le four à 180 °C. Graissez 1 ou 2 plaques à pâtisserie et chemisez-les de papier sulfurisé.

2. Mixez le beurre et le sucre au batteur électrique pour obtenir un mélange homogène. Incorporez la poudre de noisettes et la farine tamisées : la pâte doit être bien ferme. Prélevez des cuillerées à café de pâte, formez des boulettes. Disposez-les sur une plaque, aplatissez-les légèrement pour obtenir des disques de pâte de 3,5 cm de diamètre. Lissez la pâte sur les côtés avec un doigt pour éliminer toutes les fissures (cela peut prendre un moment car la pâte est assez dure).

3. Enfournez 8 minutes. Sortez les biscuits du four quand ils sont légèrement colorés. Laissez-les reposer 5 minutes puis mettez-les à refroidir sur une grille.

4. Préparez la ganache au chocolat. Faites fondre le chocolat et le beurre au bain-marie ; mélangez pour obtenir une consistance fluide. Laissez refroidir la ganache à température ambiante. Incorporez les noisettes hachées quand la ganache a une consistance assez ferme pour être appliquée. Assemblez les biscuits deux par deux avec 2 cuillerées à café de ganache.

28 PIÈCES

Préparation + cuisson **50 minutes (+ réfrigération)**

Roulés aux dattes & aux noix

INGRÉDIENTS

125 g de beurre ramolli
130 g de sucre
1 ¼ de c. à c. de cardamome moulue
1 œuf
225 g de farine
100 g de noix grillées finement moulues
280 g de dattes séchées hachées
2 c. à c. de zeste de citron râpé
80 ml de jus de citron
125 ml d'eau

1. Battez le beurre, 75 g de sucre, 1 cuillerée à café de cardamome et l'œuf avec un batteur électrique jusqu'à ce que le mélange soit homogène. Incorporez la farine tamisée et les noix moulues. Pétrissez la pâte sur un plan de travail fariné. Divisez-la en 2 morceaux. Abaissez chaque morceau entre 2 feuilles de papier sulfurisé pour obtenir des rectangles de 15 × 30 cm. Placez 20 minutes au réfrigérateur.

2. Faites chauffer les dattes, 55 g de sucre, le zeste et le jus de citron, ¼ de cuillerée à café de cardamome et l'eau dans une casserole, sans laisser bouillir. Quand le sucre est dissous, portez à ébullition. Baissez le feu et laissez mijoter 5 minutes sans couvrir, en remuant de temps en temps, jusqu'à ce que la préparation soit épaisse et pulpeuse. Transvasez dans un grand saladier puis placez 10 minutes au réfrigérateur.

3. Étalez uniformément la garniture sur les 2 rectangles, en laissant une marge de 1 cm sur les bords. En vous aidant du papier sulfurisé, formez 2 rouleaux serrés en recouvrant la garniture, en partant du côté le plus court. Enveloppez les rouleaux du papier sulfurisé et placez 30 minutes au réfrigérateur.

4. Préchauffez le four à 190 °C. Graissez des plaques de cuisson et chemisez-les de papier sulfurisé. Coupez les extrémités des rouleaux puis détaillez chacun en tranches de 1 cm. Disposez-les sur les plaques, côté coupé vers le bas. Passez 20 minutes au four.

24 PIÈCES

Préparation + cuisson **30 minutes (+ réfrigération & refroidissement)**

Galettes aux noisettes fourrées au chocolat & aux framboises

INGRÉDIENTS

90 g de beurre ramolli
½ c. à c. d'extrait de vanille
55 g de sucre
1 œuf
50 g de poudre de noisettes
110 g de farine
25 g de cacao en poudre

GARNITURE CHOCOLAT-FRAMBOISES
90 g de chocolat noir fondu
60 g de beurre ramolli
110 g de pâte à tartiner au chocolat et aux noisettes
35 g de framboises hachées

1. Battez le beurre, l'extrait de vanille, le sucre et l'œuf avec un batteur électrique jusqu'à ce que le mélange soit homogène. Incorporez les noisettes, puis la farine et le cacao, tamisés. Divisez la pâte en deux. Abaissez chaque moitié entre 2 feuilles de papier sulfurisé à 3 mm d'épaisseur. Réfrigérez 30 minutes.

2. Préchauffez le four à 180 °C. Chemisez des plaques de cuisson de papier sulfurisé. Découpez des disques cannelés de 4 cm de diamètre dans la pâte. Disposez-les sur les plaques à 2,5 cm de distance. Faites cuire 8 minutes puis laissez refroidir sur les plaques.

3. Préparez la garniture chocolat-framboises. Battez le chocolat refroidi, le beurre et la pâte à tartiner avec un batteur électrique jusqu'à l'obtention d'une consistance épaisse et brillante. Incorporez les framboises.

4. Mettez la garniture dans une poche à douille munie d'un embout cannelé de 2 cm. Nappez-en le côté plat de la moitié des biscuits puis recouvrez de l'autre moitié des biscuits.

25 PIÈCES

Préparation + cuisson **1 heure**

Biscuits fourrés vanille-framboise

INGRÉDIENTS

185 g de beurre ramolli
1 c. à c. d'extrait de vanille
110 g de cassonade
1 œuf
295 g de farine
1 c. à c. de bicarbonate de soude
40 g de noix de coco râpée
80 g de confiture de framboises

CRÈME AU BEURRE

60 g de beurre
½ c. à c. d'extrait de vanille
120 g de sucre glace
2 c. à c. de lait

1. Préchauffez le four à 180 °C. Graissez des plaques de cuisson.

2. Battez le beurre, l'extrait de vanille, la cassonade et l'œuf avec un batteur électrique jusqu'à ce que le mélange soit homogène. Incorporez la farine tamisée avec la bicarbonate de soude et la noix de coco, en 2 fois.

3. Façonnez en ovales des cuillerées à café bombées de la préparation, et disposez-les à environ 2,5 cm de distance sur les plaques. Aplatissez légèrement les biscuits et donnez-leur un aspect rugueux avec une fourchette. Enfournez 12 minutes puis laissez refroidir sur des grilles.

4. Préparez la crème au beurre. Battez le beurre, l'extrait de vanille et le sucre glace tamisé avec un batteur électrique jusqu'à ce que le mélange soit clair et mousseux. Incorporez le lait tout en battant. Assemblez les biscuits deux par deux avec une couche de crème et une couche de confiture.

18 PIÈCES

Préparation + cuisson **35 minutes (+ refroidissement)**

Biscuits au citron vert & au gingembre

INGRÉDIENTS

125 g de beurre ramolli
110 g de cassonade
1 œuf
70 g de farine
¼ de c. à c. de bicarbonate de soude
110 g de fécule de maïs
2 c. à c. de gingembre moulu
½ c. à c. de cannelle
¼ de c. à c. de clous de girofle moulus

CRÈME AU BEURRE & AU CITRON VERT

60 g de beurre ramolli
2 c. à c. de zeste de citron vert râpé
120 g de sucre glace
2 c. à c. de lait

1. Préchauffez le four à 180 °C. Chemisez des plaques de cuisson de papier sulfurisé.
2. Battez le beurre, la cassonade et l'œuf avec un batteur électrique jusqu'à ce que le mélange soit homogène. Incorporez les ingrédients secs tamisés.
3. Façonnez en boules des cuillerées à café bombées de pâte. Disposez-les sur les plaques à environ 5 cm de distance. Faites cuire environ 10 minutes, puis laissez refroidir sur les plaques.
4. Préparez la crème au beurre et au citron vert. Battez le beurre et le zeste de citron vert avec un batteur électrique jusqu'à ce que le mélange soit aussi blanc que possible. Incorporez le sucre glace tamisé et le lait sans cesser de battre, en 2 fois. Assemblez les biscuits deux par deux avec la crème.

16 PIÈCES

Préparation + cuisson **30 minutes (+ refroidissement)**

Galettes à la guimauve & à la confiture

INGRÉDIENTS

75 g de sucre
80 ml d'eau
2 c. à c. de gélatine
110 g de confiture de fraises, chauffée et passée au tamis
32 biscuits nappés de chocolat au lait
½ c. à c. d'extrait de vanille
Colorant alimentaire rose

1. Mettez le sucre et la moitié de l'eau dans une petite casserole. Remuez à feu doux jusqu'à ce que le sucre soit dissous. Mettez la gélatine et le reste d'eau dans un petit verre. Versez le mélange sur le sirop de sucre chaud. Remuez à feu moyen pendant 3 minutes jusqu'à ce que la gélatine soit dissoute. Versez la préparation dans un petit récipient résistant à la chaleur. Laissez refroidir.

2. Étalez la confiture de fraises sur le côté nature de la moitié des biscuits.

3. Préparez la guimauve. Battez le mélange à la gélatine dans un petit saladier avec un batteur électrique à vitesse élevée, pendant environ 8 minutes, jusqu'à l'obtention d'une consistance très épaisse. Incorporez l'extrait de vanille et quelques gouttes de colorant, tout en battant.

4. Mettez la guimauve dans une poche à douille munie d'un embout lisse de 2 cm de diamètre. Nappez-en la confiture de fraises, puis recouvrez du reste des biscuits.

ASTUCE

Si la guimauve prend trop vite, remettez-la dans un récipient avec 1 cuillerée à soupe d'eau bouillante et battez encore 1 minute.

30 PIÈCES

Préparation + cuisson **1 h 15 (+ réfrigération & repos)**

Biscuits chocolat-menthe

INGRÉDIENTS

100 g de beurre ramolli
110 g de sucre extra fin
1 jaune d'œuf
150 g de farine
1 ½ c. à s. de cacao en poudre

300 g de chocolat noir à 70 % de cacao, haché
3 c. à c. d'huile végétale

GLAÇAGE À LA MENTHE
240 g de sucre glace
¼ de c. à c. d'extrait de menthe poivrée
2 c. à s. d'eau chaude

1. Fouettez le beurre et le sucre au batteur électrique. Ajoutez l'œuf en fouettant. Incorporez la farine tamisée avec le cacao, mélangez pour obtenir une pâte lisse. Sortez la pâte du bol et aplatissez-la en un disque. Enveloppez de film alimentaire et placez 30 minutes au frais.

2. Préchauffez le four à 180 °C. Graissez 3 plaques à pâtisserie et chemisez-les de papier sulfurisé.

3. Abaissez la pâte au rouleau entre 2 feuilles de papier sulfurisé, sur une épaisseur de 5 mm. Découpez des biscuits avec un découpoir cannelé de 4,5 cm de diamètre, disposez-les sur une plaque en les espaçant de 2,5 cm. Réutilisez les chutes de pâte. Enfournez 12 minutes. Sortez les biscuits du four, laissez reposer 5 minutes avant de les mettre à refroidir sur une grille.

4. Préparez le glaçage à la menthe. Mélangez le sucre glace tamisé, l'extrait de menthe poivrée et l'eau. Appliquez 1 cuillerée à café de glaçage sur chaque biscuit. Mettez les biscuits sur une grande grille à pâtisserie posée sur une plaque. Laissez prendre le glaçage.

5. Faites fondre le chocolat au bain-marie. Sortez le bol de la casserole, incorporez l'huile puis versez le mélange dans un petit saucier. Versez du chocolat sur chaque biscuit de manière à le recouvrir entièrement ; laissez s'égoutter. Laissez les biscuits sur la grille le temps que le chocolat se fige.

14 PIÈCES

Préparation + cuisson **1 heure (+ réfrigération & repos)**

Biscuits aux chamallows enrobés de chocolat

INGRÉDIENTS

125 g de beurre ramolli
165 g de cassonade ou vergeoise blonde
1 œuf
260 g de farine
¼ de c. à c. de bicarbonate de soude
25 g cacao en poudre
250 g de chamallows blancs et roses
80 g de confiture de framboises ou de cerises
375 g de pistoles de chocolat noir
1 c. à s. d'huile végétale

1. Fouettez le beurre, la cassonade et l'œuf au batteur électrique. Tamisez la farine, le bicarbonate de soude et le cacao puis incorporez au premier mélange, en 2 fois. Pétrissez la pâte sur un plan de travail fariné. Abaissez-la au rouleau entre 2 feuilles de papier sulfurisé, sur une épaisseur de 3 mm. Enveloppez de film alimentaire et placez 30 minutes au frais.

2. Préchauffez le four à 180 °C. Graissez 2 plaques à pâtisserie et chemisez-les de papier sulfurisé. Découpez 28 disques de pâte avec un emporte-pièce cannelé de 7 cm de diamètre ; disposez-les sur les plaques en les espaçant de 3 cm. Enfournez 12 minutes. Laissez les biscuits refroidir sur une grille.

3. Disposez la moitié des biscuits, retournés, sur une plaque à pâtisserie. Coupez 28 chamallows en deux avec des ciseaux. Disposez 4 demi-chamallows sur chaque biscuit de la plaque. Passez 2 minutes au four.

4. Étalez ½ cuillerée à café de confiture sur chacun des biscuits restants ; placez les biscuits avec confiture sur les biscuits avec chamallow fondu, dès qu'ils sortent du four. Laissez raffermir 20 minutes.

5. Faites fondre le chocolat au bain-marie. Ajoutez l'huile hors du feu. Tenez les biscuits par les côtés, trempez-les dans le chocolat, et faites-les tourner comme une roue pour bien napper la tranche. Placez les biscuits sur une grille. Avec une cuillère, nappez chaque biscuit de chocolat. Laissez prendre, puis retournez les biscuits et nappez l'autre côté. Laissez prendre sur une plaque chemisée de papier sulfurisé.

24 PIÈCES

Préparation + cuisson **40 minutes**

Biscuits à la confiture

INGRÉDIENTS

125 g de beurre ramolli
½ c. à c. d'extrait de vanille
110 g de sucre
120 g de poudre d'amandes
1 œuf
150 g de farine
1 c. à c. de zeste de citron râpé
110 g de confiture de framboises
2 c. à s. de confiture d'abricots

1. Préchauffez le four à 180 °C. Chemisez des plaques de cuisson de papier sulfurisé.
2. Battez le beurre, l'extrait de vanille, le sucre et la poudre d'amandes avec un batteur électrique jusqu'à ce que le mélange soit clair et mousseux. Ajoutez l'œuf, battez puis incorporez la farine tamisée.
3. Répartissez le zeste de citron dans les deux confitures et mélangez bien.
4. Façonnez en boules des cuillerées à soupe de pâte. Disposez-les à environ 5 cm de distance sur les plaques et aplatissez-les légèrement. Formez une fleur dans la pâte en faisant des trous d'environ 1 cm de profondeur avec l'extrémité d'une cuillère en bois. Remplissez les trous extérieurs (les pétales) avec de la confiture de framboises, et le trou central avec de la confiture d'abricots. Enfournez 15 minutes environ. Laissez refroidir sur les plaques.

28 PIÈCES

Préparation + cuisson **40 minutes (+ réfrigération)**

Wraps au loukoum

INGRÉDIENTS

125 g de cream cheese ramolli
100 g de beurre ramolli
2 c. à s. de sucre extra fin
185 g de farine
160 g de loukoums à la rose coupés en lamelles de 5 mm d'épaisseur
1 blanc d'œuf
2 c. à c. d'eau
75 g de sucre semoule blanc

1. Mixez le cream cheese, le beurre et le sucre au batteur électrique. Quand le mélange est bien lisse, incorporez la farine tamisée. Mélangez pour obtenir une pâte souple. Pétrissez la pâte sur un plan de travail fariné. Enveloppez de film alimentaire et placez 30 minutes au frais.

2. Préchauffez le four à 180 °C. Graissez 2 plaques à pâtisserie et chemisez-les de papier sulfurisé.

3. Abaissez la pâte au rouleau entre 2 feuilles de papier sulfurisé, sur une épaisseur de 3 mm (pas plus, sinon la pâte sera difficile à plier). Découpez des carrés avec un découpoir cannelé de 6 cm de côté. Réutilisez les chutes de pâte.

4. Disposez 5 lamelles de loukoum sur chaque carré de pâte. Collez 2 coins de pâte opposés, en appuyant bien. Posez les biscuits sur les plaques à pâtisserie.

5. Mélangez le blanc d'œuf, l'eau et le sucre dans un petit bol. Badigeonnez le glaçage au pinceau sur la pâte (mais non sur le loukoum). Enfournez 15 minutes : les biscuits doivent être légèrement colorés. Laissez reposer 5 minutes puis mettez les biscuits à refroidir sur une grille. Saupoudrez de sucre glace tamisé avant de servir.

ASTUCE

Pour découper les loukoums, laissez-les raffermir 15 minutes au congélateur. Découpez-les avec un couteau huilé. Pensez à huiler la lame plusieurs fois.

HANDMADE

40 PIÈCES

Préparation + cuisson **50 minutes (+ réfrigération)**

Biscuits fourrés aux dattes & aux épices

INGRÉDIENTS

90 g de beurre ramolli
55 g de sucre glace
1 œuf
220 g de farine
¼ de c. à c. de bicarbonate de soude
2 c. à s. de lait
2 c. à c. de sucre

GARNITURE AUX DATTES & AUX ÉPICES

375 g de dattes séchées dénoyautées, hachées
180 ml d'eau
2 c. à c. de poivre de la Jamaïque moulu
¼ de c. à c. de clous de girofle moulus
1 pincée de bicarbonate de soude

1. Battez le beurre et le sucre glace tamisé avec un batteur électrique jusqu'à l'obtention d'un mélange homogène. Ajoutez l'œuf en battant. Incorporez la farine tamisée avec le bicarbonate de soude, en 2 fois, puis couvrez la pâte et placez-la 30 minutes au réfrigérateur.

2. Préparez la garniture aux dattes et aux épices. Mettez les dattes et l'eau dans une casserole. Faites chauffer 10 minutes, en remuant, jusqu'à l'obtention d'une consistance épaisse et homogène. Incorporez les épices et le bicarbonate de soude. Laissez refroidir.

3. Préchauffez le four à 180 °C. Chemisez 2 ou 3 plaques de cuisson de papier sulfurisé.

4. Abaissez la pâte entre 2 feuilles de papier sulfurisé pour obtenir un rectangle de 30 × 40 cm. Découpez 4 bandes de 7,5 × 40 cm. Mettez la garniture dans une poche pâtissière munie d'une douille unie de 1,5 cm de diamètre ; répartissez-la au centre de chaque bande. Repliez les bords jusqu'à ce qu'ils se touchent pour recouvrir la garniture. Placez les rouleaux sur une planche à découper, côté soudure vers le bas, et détaillez-les chacun en 10 petits rectangles. Disposez-les sur les plaques, côté soudure vers le bas. Badigeonnez de lait et saupoudrez de sucre. Enfournez 20 minutes et laissez refroidir sur les plaques.

24 PIÈCES

Préparation + cuisson **40 minutes (+ réfrigération)**

Rugelach

INGRÉDIENTS

300 g de farine
250 g de cream cheese coupé en petits dés
250 g de beurre froid, coupé en petits dés
55 g de sucre extra fin
1 c. à c. d'extrait de vanille
¼ de c. à c. de sel
160 g de confiture de framboises
100 g de chocolat noir dessert, finement haché
55 g de noix finement hachées
55 g de sucre complet

1. Versez la farine, le cream cheese, le beurre, le sucre, la vanille et le sel dans le bol d'un robot. Mixez brièvement, juste pour que la pâte se tienne. Posez la pâte sur un plan de travail fariné, formez un disque. Enveloppez la pâte de film alimentaire et faites-la raffermir 30 minutes au réfrigérateur.

2. Préchauffez le four à 180 °C. Chemisez 2 plaques à pâtisserie de papier sulfurisé.

3. Divisez la pâte en 2 parts égales. Abaissez au rouleau une moitié sur un plan de travail fariné, sur 3 mm d'épaisseur et 30 cm de diamètre. Étalez la moitié de la confiture sur la pâte. Saupoudrez la moitié du chocolat puis la moitié des noix. Avec un couteau tranchant, découpez la pâte en 4 quartiers, puis chaque quart en 3 triangles. Roulez chaque part en forme de croissant, de manière à envelopper la garniture. Placez les biscuits sur la plaque, pointe en-dessous. Saupoudrez de sucre complet. Répétez l'opération avec de reste de pâte et de garniture.

4. Enfournez 30 minutes, en intervertissant les plaques à mi-cuisson. Les rugelach doivent être cuits à cœur et prendre une teinte dorée. Laissez-les refroidir sur une grille.

ASTUCE

Vous pouvez saupoudrer un peu de cannelle sur les rugelach avant la cuisson.

16 PIÈCES

Préparation + cuisson **1 heure (+ refroidissement & repos)**

Cigares en pâte filo

INGRÉDIENTS

220 g de dattes fraîches dénoyautées, hachées
125 ml d'eau
2 c. à s. de sucre extra fin
1 c. à s. de zeste d'orange râpé
1 c. à c. d'extrait de vanille
40 g de noix grillées, hachées
100 g de beurre
8 feuilles de pâte filo
100 g de chocolat noir à 70 % de cacao, haché
1 c. à c. d'huile végétale

1. Préchauffez le four à 200 °C. Graissez 2 plaques à pâtisserie et chemisez-les de papier sulfurisé.

2. Faites chauffer les dattes, le sucre et l'eau dans une petite casserole à feu doux, en remuant, jusqu'à ce que le sucre soit dissous. Augmentez le feu, portez à ébullition, puis réduisez aussitôt à feu doux. Laissez cuire 5 minutes : vous devez obtenir un mélange épais. Laissez refroidir 5 minutes. Incorporez le zeste, la vanille et les noix dans la pâte de dattes. Versez le tout dans un bol, recouvrez de film alimentaire. Laissez refroidir à température ambiante.

3. Faites fondre le beurre. Coupez les feuilles de pâte filo en deux dans le sens de la largeur. Badigeonnez le bord des feuilles de beurre fondu. Placez ½ feuille face à vous dans le sens de la longueur, disposez 3 cuillerées à café du mélange à 1 cm du bord le plus long. Avec les doigts mouillés, étalez le mélange sur 15 cm de longueur, en laissant un espace aux extrémités. Rabattez les côtés, puis roulez de manière à former un cigare. Badigeonnez de beurre fondu. Répétez l'opération pour obtenir 16 rouleaux.

4. Placez les rouleaux sur les plaques. Enfournez 15 minutes. Laissez refroidir sur les plaques.

5. Faites fondre le chocolat au bain-marie. Ajoutez l'huile hors du feu. Laissez refroidir 10 minutes. Trempez les extrémités des cigares dans le chocolat, posez-les de nouveau sur les plaques. Versez le chocolat restant dans un petit sachet zip ; coupez une pointe du sachet et nappez les cigares d'un filet de chocolat. Laissez prendre à température ambiante.

45 PIÈCES

Préparation + cuisson **50 minutes**

Croissants à la fleur d'oranger

INGRÉDIENTS

250 g de beurre doux ramolli
220 g de sucre extra fin
1 œuf
60 ml de cognac
60 g d'amandes effilées, grillées puis finement hachées
600 g de farine
1 c. à c. de bicarbonate de soude
320 g de sucre glace
60 ml d'eau de fleur d'oranger
80 ml d'eau

1. Préchauffez le four à 180 °C. Graissez 1 ou 2 plaques à pâtisserie et chemisez-les de papier sulfurisé.

2. Fouettez le beurre et le sucre au batteur électrique jusqu'à l'obtention d'un mélange léger et mousseux. Ajoutez l'œuf et le cognac, fouettez pour obtenir un mélange homogène. Versez le mélange dans un récipient plus grand, incorporez en 2 fois les amandes et la farine tamisée avec le bicarbonate de soude.

3. Pétrissez la pâte sur un plan de travail fariné. Prélevez des cuillerées à soupe de pâte et formez des boudins de 8 cm de long. Donnez-leur la forme de croissants puis mettez-les sur la plaque en les espaçant de 2,5 cm. Enfournez 15 minutes : les biscuits sont cuits lorsque vous pouvez les pousser délicatement sans les casser.

4. Versez le sucre glace dans une assiette creuse. Dès la sortie du four, disposez les biscuits sur une grille placée au-dessus d'une plaque de cuisson. Mélangez l'eau et l'eau de fleur d'oranger, badigeonnez les biscuits avec un pinceau à pâtisserie. Disposez les croissants cinq par cinq dans le sucre glace ; retournez-les délicatement de manière à les enrober complètement. Placez-les sur une grille jusqu'à refroidissement complet.

32 PIÈCES

Préparation + cuisson **30 minutes (+ réfrigération)**

Carrés à la citronnelle, au gingembre & au sésame

INGRÉDIENTS

125 g de beurre ramolli
130 g de sucre roux
½ c. à c. de cardamome moulue
½ c. à c. de cannelle
1 pincée de muscade moulue
1 pincée de clous de girofle moulus
2 jaunes d'œufs
225 g de farine
1 tige de citronnelle fraîche de 10 cm (20 g) finement hachée
2 c. à s. de gingembre confit finement haché
Barres de sésame

1. Battez le beurre, le sucre roux, les épices et les jaunes d'œufs avec un batteur électrique jusqu'à ce que le mélange soit homogène. Incorporez la farine tamisée, la citronnelle et le gingembre. Pétrissez la pâte sur un plan de travail fariné jusqu'à ce qu'elle soit lisse. Abaissez-la à 5 mm d'épaisseur entre 2 feuilles de papier sulfurisé. Réfrigérez 30 minutes.

2. Préchauffez le four à 160 °C. Graissez des plaques de cuisson et chemisez-les de papier sulfurisé.

3. Découpez 16 carrés dans la pâte à l'aide d'un emporte-pièce de 9 cm de côté. Coupez-les en deux pour obtenir 32 rectangles. Disposez-les à environ 5 cm de distance sur les plaques de cuisson. Enfournez 12 minutes.

4. Coupez les barres de sésame en morceaux de la taille des rectangles. Recouvrez chaque biscuit chaud d'un morceau de barre au sésame et repassez 3 minutes au four. Laissez refroidir sur les plaques.

40 PIÈCES

Préparation + cuisson **1 h 35 (+ refroidissement & repos)**

Pain aux amandes

INGRÉDIENTS

3 blancs d'œufs
110 g de sucre
150 g de farine
120 g d'amandes

1. Préchauffez le four à 180 °C. Graissez un moule à pain de 10 × 20 cm.

2. Battez les blancs d'œufs avec un batteur électrique jusqu'à la formation de pics souples. Ajoutez progressivement le sucre, en battant jusqu'à ce qu'il soit dissous après chaque addition.

3. Incorporez la farine tamisée et les amandes dans la préparation aux blancs d'œufs puis répartissez-la dans le moule. Faites cuire environ 30 minutes. Laissez refroidir le pain dans le moule, puis sortez-le et enveloppez-le de papier d'aluminium. Laissez reposer toute la nuit.

4. Préchauffez le four à 150 °C. Coupez le pain en tranches très fines avec un couteau aiguisé dentelé. Disposez-les sans les superposer sur des plaques de cuisson non graissées. Faites cuire environ 45 minutes jusqu'à ce qu'elles soient sèches et croustillantes.

ASTUCE
Le pain aux amandes accompagne parfaitement des desserts comme des mousses, des sorbets ou des glaces. Il se conserve quelques mois dans un récipient hermétique.

60 PIÈCES

Préparation + cuisson **1 h 25 (+ refroidissement)**

Biscotti à l'orange

INGRÉDIENTS

220 g de sucre
2 œufs
250 g de farine
½ c. à c. de bicarbonate de soude
25 g de cacao en poudre
8 tranches d'orange confite (165 g) finement hachées

1. Préchauffez le four à 180 °C. Graissez une plaque de cuisson.

2. Fouettez le sucre et les œufs jusqu'à ce que le mélange soit homogène. Incorporez la farine, le bicarbonate de soude et le cacao, tamisés, puis l'orange confite.

3. Pétrissez la pâte sur un plan de travail fariné jusqu'à ce qu'elle soit lisse. Divisez le pâton en deux et façonnez une bûche de 30 cm avec chaque moitié. Disposez-les sur la plaque. Faites cuire environ 30 minutes, puis laissez refroidir 10 minutes sur la plaque.

4. Baissez la température du four à 150 °C. Découpez les bûches en tranches de 5 mm d'épaisseur, en biais, avec un couteau dentelé. Disposez-les, sans les superposer, sur des plaques de cuisson non graissées. Faites cuire les biscotti environ 30 minutes, jusqu'à ce qu'ils soient secs et croustillants, en les retournant à mi-cuisson. Laissez refroidir sur des grilles.

50 PIÈCES

Préparation + cuisson **1 h 30 (+ refroidissement & repos)**

Biscotti à l'orange & au gingembre confit

INGRÉDIENTS

335 g de farine
220 g de sucre extra fin
60 g de poudre d'amandes
2 c. à c. de mélange d'épices pour pain d'épices
3 œufs battus
2 c. à c. d'extrait de vanille
80 g d'amandes mondées, grossièrement hachées
1 c. à s. de zeste d'orange râpé
110 g de gingembre confit, finement haché
Farine pour le plan de travail
200 g de pistoles de chocolat blanc

1. Préchauffez le four à 180 °C. Graissez 2 plaques à pâtisserie et chemisez-les de papier sulfurisé.

2. Tamisez la farine, le sucre, la poudre d'amandes et les épices dans un bol. Incorporez les œufs, la vanille, les amandes hachées, le zeste d'orange et la moitié du gingembre. Mélangez uniformément, en ajoutant éventuellement 2 cuillerées à café d'eau si le mélange est trop sec. Posez la pâte sur un plan de travail légèrement fariné. Divisez-la en 2 parts égales et formez 2 rouleaux de 6 × 30 cm. Placez-les sur une plaque, en les espaçant de 10 cm. Enfournez 35 minutes. Pour tester la cuisson, enfoncez la pointe d'un couteau : elle doit ressortir sèche. Laissez refroidir 15 minutes sur les plaques.

3. Baissez la température du four à 150 °C. Avec un couteau dentelé, découpez les 2 rouleaux en tranches de 1 cm d'épaisseur. Déposez les tranches sur les plaques. Enfournez 15 minutes : les biscotti doivent être bien secs et légèrement dorés. Laissez-les refroidir sur une grille.

4. Faites fondre le chocolat ; laissez tiédir à température ambiante. Versez le chocolat encore fluide dans un sachet zip, coupez une petite pointe du sachet et nappez les biscotti d'un filet de chocolat blanc ; saupoudrez avec le gingembre restant. Laissez prendre le chocolat.

60 PIÈCES

Préparation + cuisson **1 h 30 (+ refroidissement)**

Biscotti aux cerises confites & aux amandes

INGRÉDIENTS

165 g de sucre extra fin
2 œufs
250 g de farine
½ c. à c. de bicarbonate de soude
300 g de cerises confites rouges et vertes, coupées en deux
80 g d'amandes mondées

1. Préchauffez le four à 180 °C. Graissez 1 ou 2 plaques à pâtisserie et chemisez-les de papier sulfurisé.

2. Battez le sucre et les œufs dans un bol pour obtenir un mélange homogène. Incorporez la farine tamisée, puis les cerises et les amandes. Pétrissez la pâte sur un plan de travail fariné. Quand elle est bien lisse divisez-la en 2 parts égales puis formez 2 rouleaux de 30 cm de long ; disposez-les sur les plaques. Enfournez 35 minutes. Pour tester la cuisson, enfoncez la pointe d'un couteau : elle doit ressortir sèche. Laissez refroidir 10 minutes sur les plaques.

3. Baissez la température du four à 150 °C. À l'aide d'un couteau dentelé, découpez les 2 rouleaux cuits en biais, en tranches de 5 mm. Posez les tranches directement sur les plaques, sans les graisser, en une seule couche. Enfournez 30 minutes en retournant les biscuits à mi-cuisson. Les biscotti doivent être secs et croquants. Laissez refroidir sur une grille.

ASTUCE

Vous pouvez remplacer les amandes par des noisettes ou des pistaches.

60 PIÈCES

Préparation + cuisson **1 h 25 (+ refroidissement)**

Biscotti aux agrumes & à la noix de coco

INGRÉDIENTS

220 g de sucre
2 œufs
250 g de farine
½ c. à c. de bicarbonate de soude
80 g de noix de coco râpée
2 c. à c. de zeste de citron râpé
2 c. à c. de zeste d'orange râpé
2 c. à c. de zeste de citron vert râpé

1. Préchauffez le four à 180 °C. Graissez une plaque de cuisson.
2. Fouettez le sucre et les œufs jusqu'à ce que le mélange soit homogène. Incorporez la farine tamisée avec le bicarbonate de soude, puis la noix de coco et les zestes.
3. Pétrissez la pâte sur un plan de travail fariné jusqu'à ce qu'elle soit lisse. Divisez le pâton en deux et façonnez une bûche de 30 cm avec chaque moitié. Disposez-les sur la plaque. Faites cuire environ 30 minutes, puis laissez refroidir 10 minutes sur la plaque.
4. Baissez la température du four à 150 °C. Découpez les bûches en tranches de 5 mm d'épaisseur, en biais, avec un couteau dentelé. Disposez-les, sans les superposer, sur des plaques de cuisson non graissées. Faites cuire les biscotti environ 30 minutes jusqu'à ce qu'ils soient secs et croustillants, en les retournant à mi-cuisson. Laissez refroidir sur des grilles.

60 PIÈCES

Préparation + cuisson **1 h 25 (+ refroidissement)**

Biscotti pomme, canneberges & chocolat blanc

INGRÉDIENTS

220 g de sucre
2 œufs
250 g de farine
½ c. à c. de bicarbonate de soude
35 g de pomme séchée finement hachée
65 g de canneberges séchées grossièrement hachées
90 g de chocolat blanc grossièrement râpé

1. Préchauffez le four à 180 °C. Graissez une plaque de cuisson.
2. Fouettez le sucre et les œufs dans un saladier jusqu'à ce que le mélange soit homogène. Incorporez la farine tamisée avec le bicarbonate de soude, puis la pomme, les canneberges et le chocolat blanc.
3. Pétrissez la pâte sur un plan de travail fariné jusqu'à ce qu'elle soit lisse. Divisez le pâton en deux et façonnez une bûche de 30 cm avec chaque moitié. Disposez-les sur la plaque. Faites cuire environ 30 minutes puis laissez refroidir 10 minutes sur la plaque.
4. Baissez la température du four à 150 °C. Découpez les bûches en tranches de 5 mm d'épaisseur en biais avec un couteau dentelé. Disposez-les, sans les superposer, sur des plaques de cuisson non graissées. Faites cuire les biscotti environ 30 minutes jusqu'à ce qu'ils soient secs et croustillants, en les retournant à mi-cuisson. Laissez refroidir sur des grilles.

40 PIÈCES

Préparation + cuisson **1 h 25 (+ refroidissement)**

Biscotti aux abricots, aux pistaches & à l'eau de rose

INGRÉDIENTS

220 g de sucre
2 œufs
250 g de farine
½ c. à c. de bicarbonate de soude
55 g d'abricots secs finement hachés
45 g de pistaches grillées non salées
4 c. à c. d'eau de rose

1. Préchauffez le four à 180 °C. Graissez une plaque de cuisson.

2. Fouettez le sucre et les œufs dans un saladier jusqu'à ce que le mélange soit homogène. Incorporez la farine tamisée avec le bicarbonate de soude, puis les abricots, les pistaches et l'eau de rose.

3. Pétrissez la pâte sur un plan de travail fariné jusqu'à ce qu'elle soit lisse. Divisez le pâton en deux et façonnez une bûche de 20 cm avec chaque moitié. Disposez-les sur la plaque. Faites cuire environ 30 minutes, puis laissez refroidir 10 minutes sur la plaque.

4. Baissez la température du four à 150 °C. Découpez les bûches en tranches de 5 mm d'épaisseur, en biais, avec un couteau dentelé. Disposez-les, sans les superposer, sur des plaques de cuisson non graissées. Faites cuire les biscotti environ 30 minutes, jusqu'à ce qu'ils soient secs et croustillants, en les retournant à mi-cuisson. Laissez refroidir sur des grilles.

20 PIÈCES

Préparation + cuisson **1 h 10 (+ refroidissement)**

Biscotti au café & aux noix

INGRÉDIENTS

110 g de sucre
1 œuf
110 g de farine
¼ de c. à c. de bicarbonate de soude
4 c. à c. de café soluble
100 g de noix grossièrement hachées
90 g de chocolat noir fondu

1. Préchauffez le four à 180 °C. Graissez une plaque de cuisson.

2. Fouettez le sucre et l'œuf jusqu'à ce que le mélange soit homogène. Incorporez la farine tamisée avec le bicarbonate de soude, puis le café et les noix. Façonnez une bûche de 20 cm avec la pâte et disposez-la sur la plaque. Faites cuire environ 30 minutes, puis laissez refroidir sur la plaque.

3. Baissez la température du four à 150 °C. Découpez la bûche en tranches de 1 cm d'épaisseur, en biais, avec un couteau dentelé. Disposez-les, sans les superposer, sur des plaques de cuisson non graissées. Faites cuire les biscotti environ 30 minutes, jusqu'à ce qu'ils soient secs et croustillants, en les retournant à mi-cuisson. Laissez refroidir sur des grilles.

4. Nappez les biscotti de chocolat fondu d'un côté. Laissez prendre à température ambiante.

30 PIÈCES

Préparation + cuisson **1 h 10 (+ réfrigération & refroidissement)**

Biscotti aux trois chocolats & aux noisettes

INGRÉDIENTS

30 g de beurre ramolli
110 g de cassonade
1 c. à c. d'extrait de vanille
3 œufs
145 g de farine
¼ de c. à c. de bicarbonate de soude
35 g de cacao en poudre
140 g de noisettes grillées grossièrement hachées
60 g de chocolat noir cassé en petits morceaux
30 g de chocolat au lait cassé en petits morceaux
60 g de chocolat blanc cassé en petits morceaux

1. Battez le beurre, la cassonade et l'extrait de vanille avec un batteur électrique jusqu'à ce que le mélange soit homogène. Ajoutez les œufs et battez jusqu'à ce qu'ils soient incorporés (la préparation va coaguler à ce stade mais s'homogénéisera ensuite). Incorporez les ingrédients secs tamisés, puis les noisettes et les trois chocolats. Couvrez la préparation et réfrigérez-la 1 heure.

2. Préchauffez le four à 180 °C. Graissez des plaques de cuisson. Divisez le pâton en deux et façonnez une bûche de 15 cm avec chaque moitié. Disposez les bûches sur les plaques. Faites cuire 25 minutes, puis laissez refroidir sur les plaques.

3. Baissez la température du four à 150 °C. Coupez les bûches en tranches de 1 cm d'épaisseur, en biais, avec un couteau dentelé. Disposez-les, sans les superposer, sur des plaques de cuisson non graissées. Faites cuire les biscotti environ 30 minutes jusqu'à ce qu'ils soient secs et croustillants, en les retournant à mi-cuisson. Laissez refroidir sur des grilles.

40 PIÈCES

Préparation + cuisson **1 h 10 (+ refroidissement)**

Biscotti au citron, au miel & aux pistaches

INGRÉDIENTS

110 g de sucre + 2 c. à c.
1 œuf
110 g de farine
¼ de c. à c. de bicarbonate de soude
2 c. à c. de zeste de citron râpé
70 g de pistaches grillées non salées
50 g de graines de courge
35 g de graines de tournesol
1 c. à s. de miel

1. Préchauffez le four à 180 °C. Graissez une plaque de cuisson.

2. Fouettez 110 g de sucre et l'œuf. Incorporez la farine tamisée avec le bicarbonate de soude et le zeste de citron, puis les pistaches, les graines et le miel. Façonnez une bûche de 20 cm avec la pâte et disposez-la sur la plaque. Saupoudrez avec 2 cuillerées à café de sucre. Faites cuire environ 30 minutes, puis laissez refroidir sur la plaque.

3. Baissez la température du four à 150 °C. Découpez la bûche en tranches de 5 mm d'épaisseur, en biais, avec un couteau dentelé. Disposez-les, sans les superposer, sur des plaques de cuisson non graissées. Faites cuire les biscotti environ 20 minutes jusqu'à ce qu'ils soient secs et croustillants, en les retournant à mi-cuisson. Laissez refroidir sur des grilles.

40 PIÈCES

Préparation + cuisson **1 h 10 (+ refroidissement)**

Biscotti façon pain d'épices

INGRÉDIENTS

110 g de cassonade
1 œuf
110 g de farine
¼ de c. à c. de bicarbonate de soude
4 c. à c. de gingembre moulu
1 c. à c. de cannelle
¼ de c. à c. de clous de girofle moulus
115 g de gingembre confit grossièrement haché

GLAÇAGE AU CITRON

160 g de sucre glace
½ c. à c. de zeste de citron râpé
60 ml de jus de citron

1. Préchauffez le four à 180 °C. Graissez une plaque de cuisson.
2. Fouettez la cassonade et l'œuf dans un saladier jusqu'à ce que le mélange soit homogène. Incorporez les ingrédients secs tamisés, puis le gingembre confit. Façonnez une bûche de 20 cm avec la pâte et disposez-la sur la plaque. Faites cuire environ 30 minutes, puis laissez refroidir sur la plaque.
3. Baissez la température du four à 150 °C. Découpez la bûche en tranches de 5 mm d'épaisseur, en biais, avec un couteau dentelé. Disposez-les, sans les superposer, sur des plaques de cuisson non graissées. Faites cuire les biscotti environ 30 minutes, en les retournant à mi-cuisson. Laissez refroidir sur des grilles.
4. Préparez le glaçage. Mélangez le sucre glace tamisé, le zeste et le jus de citron dans un petit récipient jusqu'à ce que le mélange soit homogène. Plongez une extrémité de chaque biscotti dans le glaçage puis disposez-les sur un plateau chemisé de papier d'aluminium. Laissez prendre à température ambiante.

44 PIÈCES

Préparation + cuisson **30 minutes**

Cookies aux pepites de chocolat

INGRÉDIENTS

250 g de beurre ramolli
1 c. à c. d'extrait de vanille
1 œuf
165 g de sucre extra fin
165 g de cassonade ou de vergeoise blonde
335 g de farine
1 c. à c. de bicarbonate de soude
375 g de pistoles de chocolat noir grossièrement hachées

1. Préchauffez le four à 180 °C. Graissez 1 ou 2 plaques à pâtisserie et chemisez-les de papier sulfurisé.

2. Fouettez au batteur électrique le beurre, la vanille, l'œuf et les deux sucres jusqu'à l'obtention d'un mélange léger et mousseux. Tamisez la farine et le bicarbonate de soude puis incorporez-les au mélange précédent, en 2 fois. Incorporez le chocolat.

3. Formez des boulettes avec des cuillerées à soupe de pâte et disposez-les sur les plaques à pâtisserie en les espaçant de 5 cm. Enfournez 15 minutes : les cookies doivent avoir une belle couleur dorée. Sortez-les du four et laissez-les refroidir sur les plaques.

ASTUCE

Vous pouvez remplacer le chocolat noir par du chocolat blanc ou au lait. Pour des cookies choco et fruits à coque, remplacez un tiers du chocolat par des noix, noisettes, noix de pécan ou noix de macadamia, grillées et grossièrement hachées. Pour des cookies plus moelleux, réduisez le temps de cuisson à 12 minutes.

55 PIÈCES

Préparation + cuisson **35 minutes**

Cookies à la carotte & aux flocons d'avoine

INGRÉDIENTS

125 g de beurre ramolli
220 g de cassonade ou vergeoise blonde
1 jaune d'œuf
70 g de carottes râpées
225 g de farine
½ c. à c. de bicarbonate de soude
1 c. à c. de cannelle
90 g de flocons d'avoine
1 c. à s. de lait, environ

1. Préchauffez le four à 180 °C. Graissez 1 ou 2 plaques à pâtisserie et chemisez-les de papier sulfurisé.

2. Fouettez le beurre, la cassonade et le jaune d'œuf au batteur électrique jusqu'à l'obtention d'un mélange homogène. Incorporez les carottes, puis la farine, le bicarbonate de soude et la cannelle tamisés ensemble. Ajoutez les flocons d'avoine et suffisamment de lait pour obtenir une pâte compacte.

3. Avec les mains mouillées, prélevez des cuillerées à café de pâte et formez des boulettes. Disposez-les sur les plaques à pâtisserie en les espaçant de 5 cm ; aplatissez-les de manière à avoir des disques de 3 cm de diamètre. Enfournez 15 minutes : les cookies doivent être bien dorés. Sortez-les du four et laissez-les refroidir sur les plaques.

ASTUCE

Ces petits cookies riches en fibres sont parfaits pour compléter le déjeuner des enfants, ou pour le goûter.

20 PIÈCES

Préparation + cuisson **45 minutes (+ refroidissement)**

Cookies géants macadamia, chocolat blanc & cranberries

INGRÉDIENTS

185 g de beurre doux
105 g de noix de macadamia non salées, hachées
220 g de cassonade ou vergeoise blonde
110 g de sucre extra fin
300 g de farine
½ c. à c. de bicarbonate de soude
1 œuf
1 jaune d'œuf
150 g de chocolat blanc grossièrement haché
100 g de cranberries séchées

1. Préchauffez le four à 180 °C. Graissez 3 plaques à pâtisserie et chemisez-les de papier sulfurisé. Faites fondre le beurre, laissez refroidir.

2. Placez les noix de macadamia sur une petite plaque de cuisson et enfournez 5 minutes pour qu'elles soient légèrement grillées.

3. Mélangez les sucres et la farine tamisée avec le bicarbonate de soude dans un bol ; ajoutez les noix de macadamia. Dans un autre bol, battez légèrement l'œuf, le jaune d'œuf et le beurre fondu jusqu'à l'obtention d'un mélange homogène ; incorporez le mélange farine-sucre-noix de macadamia. Mélangez de manière à obtenir une pâte souple, puis incorporez le chocolat blanc et les cranberries.

4. Prélevez des cuillerées à soupe du mélange, formez des boulettes. Disposez-les sur les plaques en les espaçant de 8 cm, puis aplatissez-les en disques de 8 cm de diamètre. Enfournez 12 minutes. Laissez les cookies refroidir sur les plaques.

26 PIÈCES

Préparation + cuisson **30 minutes**

Biscuits Anzac

INGRÉDIENTS

90 g de flocons d'avoine
150 g de farine
220 g de cassonade ou vergeoise blonde
40 g noix de coco séchée
125 g de beurre coupé en dés
2 c. à s. de miel liquide
1 ½ c. à s. d'eau
½ c. à c. de bicarbonate de soude

1. Préchauffez le four à 160 °C. Graissez 1 ou 2 plaques à pâtisserie et chemisez-les de papier sulfurisé.

2. Mélangez les flocons d'avoine, la farine tamisée, la cassonade et la noix de coco dans un bol. Placez le beurre, le miel liquide et l'eau dans une petite casserole ; faites fondre sur feu doux en remuant constamment. Ajoutez le bicarbonate de soude, puis incorporez le tout au premier mélange.

3. Prélevez des cuillerées à soupe de pâte et formez des boulettes. Disposez-les sur les plaques, en les espaçant de 5 cm, et aplatissez-les légèrement. Enfournez 20 minutes jusqu'à l'obtention d'une belle couleur dorée ; laissez refroidir les biscuits sur les plaques.

ASTUCE

Ces biscuits sont moelleux en sortant du four et durcissent un peu en refroidissant. Si vous préférez des biscuits moelleux, baissez la température du four ou diminuez la durée de cuisson. Faites cuire quelques biscuits pour savoir quelle texture vous préférez. Pensez à noter la température et la durée de cuisson.

28 PIÈCES

Préparation + cuisson **35 minutes**

Cookies chocolat-framboise

INGRÉDIENTS

125 g de beurre ramolli
165 g de cassonade ou vergeoise blonde
1 œuf
1 c. à c. d'extrait de vanille
185 g de farine
½ c. à c. de bicarbonate de soude
35 g de cacao en poudre
90 g de chocolat noir dessert, grossièrement haché
125 g de framboises surgelées

1. Préchauffez le four à 180 °C. Graissez 1 ou 2 plaques à pâtisserie et chemisez-les de papier sulfurisé.

2. Mixez le beurre, la cassonade, l'œuf et la vanille au batteur électrique pour obtenir un mélange homogène. Tamisez la farine, le bicarbonate de soude et le cacao ; incorporez les ingrédients secs au mélange précédent, en 2 fois. Incorporez délicatement le chocolat puis les framboises surgelées.

3. Avec les mains mouillées, disposez des cuillerées à soupe rases de pâte sur les plaques, en les espaçant de 5 cm ; aplatissez la pâte en disques de 4 cm de diamètre. Enfournez 15 minutes : les cookies sont cuits lorsque vous pouvez les pousser délicatement sans les casser. Laissez tiédir 5 minutes sur la plaque, puis placez-les sur une grille pour refroidir.

ASTUCE

Ces cookies moelleux se prêtent bien à un mélange de chocolat blanc et noir. Vous pouvez aussi essayer d'autres fruits rouges, et pourquoi pas des cerises ou des abricots secs.

24 PIÈCES

Préparation + cuisson **40 minutes (+ réfrigération)**

Crinkles au chocolat

INGRÉDIENTS

100 g de chocolat noir dessert, grossièrement haché
80 g de beurre coupé en dés
220 g de sucre extra fin
1 œuf battu
150 g de farine
2 c. à s. de cacao en poudre
¼ de c. à c. de bicarbonate de soude
55 g de sucre glace

1. Faites fondre le chocolat et le beurre dans une petite casserole, sur feu doux. Versez le mélange dans un bol.

2. Incorporez le sucre, l'œuf, puis la farine tamisée avec le cacao et le bicarbonate de soude. Mélangez soigneusement. Couvrez le récipient, placez 15 minutes au réfrigérateur pour raffermir la pâte avant de la manipuler.

3. Préchauffez le four à 180 °C. Graissez 1 ou 2 plaques à pâtisserie et chemisez-les de papier sulfurisé.

4. Prélevez des cuillerées à soupe rases de pâte et formez des boulettes. Enrobez complètement chaque boulette de sucre glace, et disposez-les sur les plaques en les espaçant de 8 cm. Enfournez 17 minutes : les cookies sont cuits lorsque vous pouvez les pousser délicatement sans les briser.

40 PIÈCES

Préparation + cuisson **40 minutes (+ refroidissement)**

Cookies croquants à la noix de coco ganache chocolat au lait

INGRÉDIENTS

125 g de beurre ramolli
165 g de cassonade ou vergeoise blonde
1 c. à s. de miel liquide
2 œufs
300 g de farine
½ c. à c. de bicarbonate de soude
80 g de noix de coco râpée
45 g de flocons d'avoine

GANACHE AU CHOCOLAT AU LAIT

185 g de chocolat au lait grossièrement haché
30 g de beurre

1. Préchauffez le four à 180 °C. Graissez 1 ou 2 plaques à pâtisserie et chemisez-les de papier sulfurisé.
2. Fouettez le beurre, la cassonade et le miel liquide au batteur électrique jusqu'à l'obtention d'un mélange homogène. Ajoutez les œufs un à un, en battant bien après chaque addition. Incorporez la farine tamisée avec le bicarbonate de soude, la noix de coco et les flocons d'avoine.
3. Prélevez des cuillerées à café de pâte, formez des boulettes et disposez-les sur les plaques à pâtisserie en les espaçant de 5 cm ; aplatissez-les avec la paume de la main pour avoir des disques de 4 cm de diamètre. Marquez délicatement chaque cookie avec les dents d'une fourchette farinée. Enfournez 12 minutes : les cookies sont cuits lorsque vous pouvez les pousser délicatement sans les casser. Laissez refroidir sur les plaques.
4. Préparez la ganache. Faites fondre le chocolat au lait avec le beurre au bain-marie. Laissez refroidir la ganache avant de l'utiliser.
5. Assemblez les cookies deux par deux avec 2 cuillerées à café de ganache ; placez au réfrigérateur pour raffermir la ganache si nécessaire.

ASTUCE

Pour une texture bien croquante, choisissez de préférence des flocons d'avoine précuits, qui donneront à vos cookies la texture souhaitée.

36 PIÈCES

Préparation + cuisson **45 minutes**

Cookies à la banane, aux dattes & au caramel

INGRÉDIENTS

125 g de beurre ramolli
220 g de cassonade
1 jaune d'œuf
100 g de banane écrasée
300 g de farine
½ c. à c. de bicarbonate de soude
75 g de dattes séchées dénoyautées, finement hachées
18 caramels mous coupés en deux

1. Préchauffez le four à 180 °C. Chemisez des plaques de cuisson de papier sulfurisé.
2. Battez le beurre, la cassonade et le jaune d'œuf avec un batteur électrique jusqu'à ce que le mélange soit homogène. Incorporez la banane écrasée, puis la farine et le bicarbonate de soude tamisés, et enfin les dattes.
3. Façonnez en boules avec des cuillerées à soupe de pâte. Enfoncez un morceau de caramel au centre de chaque boule et recouvrez-le de pâte. Disposez les boules sur les plaques à environ 5 cm de distance. Passez 20 minutes au four. Laissez refroidir sur les plaques.

28 PIÈCES

Préparation + cuisson **45 minutes (+ repos)**

Cookies aux cacahuètes pralinées

INGRÉDIENTS

125 g de beurre ramolli
70 g de beurre de cacahuète avec morceaux
110 g de cassonade
1 œuf
225 g de farine
½ c. à c. de bicarbonate de soude

CACAHUÈTES PRALINÉES
100 g de cacahuètes grillées, non salées
110 g de sucre
2 c. à s. d'eau

1. Préparez les cacahuètes pralinées. Répartissez les cacahuètes sur une plaque de cuisson chemisée de papier sulfurisé. Mélangez le sucre et l'eau dans une petite poêle et remuez sur le feu, sans laisser bouillir, jusqu'à ce que le sucre soit dissous. Portez à ébullition, puis laissez bouillir sans couvrir ni remuer jusqu'à ce que le mélange brunisse. Versez sur les cacahuètes et laissez prendre à température ambiante. Concassez grossièrement.

2. Préchauffez le four à 160 °C. Chemisez des plaques de cuisson de papier sulfurisé.

3. Battez le beurre, le beurre de cacahuète, la cassonade et l'œuf avec un batteur électrique jusqu'à ce que le mélange soit homogène. Incorporez les ingrédients secs tamisés et la moitié des cacahuètes pralinées concassées.

4. Façonnez la préparation en boules. Disposez-les sur les plaques de cuisson à environ 5 cm de distance, et aplatissez-les légèrement. Parsemez du reste de cacahuètes pralinées. Faites cuire 20 minutes puis laissez refroidir sur les plaques.

26 PIÈCES

Préparation + cuisson **40 minutes**

Fers à cheval au miel, à l'avoine & à l'orge

INGRÉDIENTS

125 g de beurre ramolli
110 g de sucre
1 œuf
2 c. à s. de miel
90 g de flocons d'avoine
65 g de flocons d'orge
300 g de farine
½ c. à c. de bicarbonate de soude
1 ½ c. à c. de crème de tartre
1 c. à c. de gingembre moulu
1 c. à c. de quatre-épices
½ c. à c. de clous de girofle moulus

1. Préchauffez le four à 180 °C. Graissez des plaques de cuisson et chemisez-les de papier sulfurisé.

2. Battez le beurre, le sucre et l'œuf avec un batteur électrique jusqu'à ce que le mélange soit homogène. Incorporez le miel, 45 g de flocons d'avoine, les flocons d'orge et les ingrédients secs tamisés.

3. Pétrissez la pâte sur un plan de travail fariné jusqu'à ce qu'elle soit lisse. Parsemez la surface des flocons d'avoine restants. Formez des boudins de 12 cm avec des cuillerées à soupe de pâte.

4. Façonnez-les en forme de fers à cheval et disposez-les à environ 3 cm de distance sur les plaques. Faites cuire environ 20 minutes, puis laissez refroidir sur des grilles.

12 PIÈCES

Préparation + cuisson **30 minutes**

Fortune cookies à la noix de coco

INGRÉDIENTS

2 blancs d'œufs
75 g de sucre extra fin
50 g de farine
1 c. à c. d'essence de noix de coco
30 g de beurre fondu
½ c. à c. de zeste de citron vert râpé
2 c. à s. de noix de coco râpée

1. Préchauffez le four à 160 °C. Au crayon, tracez 2 cercles de 9 cm de diamètre sur du papier sulfurisé. Graissez une plaque à pâtisserie et chemisez-la de papier sulfurisé, côté tracé sur la plaque. Découpez 12 bandes de papier de 1,5 × 8 cm ; écrivez un message sur chacune.

2. Montez les blancs d'œufs en neige au batteur électrique jusqu'à former des pics souples ; ajoutez progressivement le sucre, sans cesser de battre. Incorporez la farine tamisée, l'essence de noix de coco, le beurre fondu et le zeste de citron vert.

3. Prélevez 1 cuillerée à soupe de pâte et placez-la au centre d'un cercle. Étalez soigneusement avec le dos de la cuillère de manière à recouvrir tout l'intérieur du cercle. Formez un deuxième disque de pâte. Saupoudrez ¼ de cuillerée à café de noix de coco sur les cookies. Enfournez 5 minutes.

4. Décollez rapidement les cookies de la plaque, placez un message au centre de chacun ; replier les cookies, puis posez-les, le rebord droit vers le bas, sur la tranche d'un verre. Tirez délicatement les pointes vers le bas. Laissez 30 secondes sur le verre, puis posez le cookie sur une grille pour refroidir. Consommez ces fortune cookies le jour même.

ASTUCE

Si un cookie refroidit et durcit avant que vous ayez pu lui donner la forme voulue, posez-le sur la plaque et passez-le 15 à 30 secondes au four pour le ramollir.

12 PIÈCES

Préparation + cuisson **2 heures (+ réfrigération)**

Cookies spécial fête

INGRÉDIENTS

55 g de mélange de fruits secs (raisins, abricots, écorces d'orange confites, ananas...)
2 c. à s. de cognac
125 g de beurre ramolli
1 c. à c. de zeste d'orange râpé
75 g de sucre extra fin
1 c. à s. de miel liquide
250 g de farine
½ c. à c. de bicarbonate de soude
½ c. à c. de mélange d'épices pour pain d'épices

DÉCORATION

500 g de fondant blanc prêt à l'emploi
Fécule de maïs
1 blanc d'œuf battu
1 c. à s. de nonpareilles blancs (minibilles de sucre)

1. Mixez les fruits secs avec le cognac en une purée lisse. Fouettez le beurre, le zeste d'orange, le sucre et le miel au batteur électrique. Incorporez les ingrédients secs tamisés à la purée de fruits, en 2 fois. Pétrissez la pâte sur un plan de travail fariné. Quand elle est homogène, abaissez-la au rouleau entre 2 feuilles de papier sulfurisé, sur 5 mm d'épaisseur. Couvrez et placez 30 minutes au réfrigérateur.

2. Préchauffez le four à 180 °C. Graissez 1 ou 2 plaques à pâtisserie puis chemisez-les de papier sulfurisé.

3. Découpez 12 biscuits à l'aide d'un emporte-pièce en forme de pièce montée. Posez-les sur la plaque, en les espaçant de 5 cm. Enfournez 12 minutes. Laissez les biscuits refroidir sur une grille.

4. Placez le fondant prêt à l'emploi sur un plan de travail saupoudré d'un peu de fécule de maïs. Pétrissez le fondant pour qu'il perde sa texture collante. Saupoudrez de nouveau le plan de travail de fécule de maïs, et abaissez le fondant sur une épaisseur de 3 mm. Découpez 12 pièces montées en fondant. Recouvrez les formes en fondant de film alimentaire.

5. Badigeonnez de blanc d'œuf le dessus d'un cookie, couvrez d'une forme en fondant. Appliquez un poinçon fleur pour faire une chaîne de fleurs. Appuyez une pince à pâte pour tracer une dentelle à la base du cookie. Trempez un petit pinceau dans l'eau, séchez-le presque à sec et tracez un cœur tout en haut du cookie ; saupoudrez de nonpareilles. Répéter ces mêmes opérations avec tous les cookies.

30 PIÈCES

Préparation + cuisson **35 minutes**

Cookies aux noix de pécan

INGRÉDIENTS

200 g de beurre ramolli
½ c. à c. d'extrait de vanille
220 g de cassonade
60 g de noix de pécan grossièrement broyées
1 œuf
260 g de farine
½ c. à c. de bicarbonate de soude

1. Préchauffez le four à 170 °C. Beurrez et chemisez de papier sulfurisé 2 plaques de cuisson.
2. Battez le beurre, l'extrait de vanille, la cassonade et l'œuf jusqu'à obtenir un mélange léger et mousseux. Ajoutez les noix de pécan. Incorporez en 2 fois la farine et le bicarbonate de soude tamisés.
3. Roulez en boules des cuillerées de pâte et disposez-les sur les plaques, à 3 cm de distance. Faites-les cuire 15 minutes au four. Laissez les cookies refroidir sur les plaques.

30 PIÈCES

Préparation + cuisson **35 minutes**

Cookies poire-gingembre

INGRÉDIENTS

200 g de beurre ramolli
½ c. à c. d'extrait de vanille
160 g de sucre glace
1 œuf
35 g de poires séchées, détaillées en petits dés
55 g de gingembre confit, détaillé en cubes
45 g de flocons d'avoine
260 g de farine
½ c. à c. de bicarbonate de soude

1. Préchauffez le four à 170 °C. Beurrez et chemisez 2 plaques de cuisson de papier sulfurisé.

2. Battez le beurre, l'extrait de vanille, le sucre glace tamisé et l'œuf jusqu'à obtenir un mélange léger et mousseux. Ajoutez les poires séchées, le gingembre confit et les flocons d'avoine. Incorporez en 2 fois la farine et le bicarbonate de soude tamisés.

3. Roulez en boules des cuillerées de pâte et disposez-les sur les plaques, à 3 cm de distance. Faites-les cuire 15 minutes au four. Laissez les biscuits refroidir sur les plaques.

36 PIÈCES

Préparation + cuisson **40 minutes**

Cookies croquants au muesli

INGRÉDIENTS

90 g de flocons d'avoine
150 g de farine
220 g de sucre
2 c. à c. de cannelle
35 g de raisins secs
55 g d'abricots secs coupés en dés
70 g d'amandes effilées
125 g de beurre
2 c. à s. de miel liquide
½ c. à c. de bicarbonate de soude
1 c. à s. d'eau bouillante

1. Préchauffez le four à 150 °C. Beurrez des plaques de cuisson et chemisez-les de papier sulfurisé.
2. Mélangez les flocons d'avoine, la farine, le sucre, la cannelle, les fruits secs et les amandes.
3. Faites fondre le beurre et le miel liquide à feu doux. Ajoutez le bicarbonate de soude délayé dans l'eau bouillante. Incorporez cette préparation aux ingrédients secs.
4. Façonnez en boules des cuillerées rases de pâte et déposez-les sur les plaques, à 5 cm de distance. Aplatissez-les à la main. Enfournez 20 minutes, puis laissez les cookies refroidir sur les plaques.

24 PIÈCES

Préparation + cuisson **30 minutes**

Amandins au café

INGRÉDIENTS

1 c. à s. de café soluble
3 c. à c. d'eau chaude
360 g de poudre d'amandes
220 g de sucre
2 c. à s. de liqueur de café
3 blancs d'œufs battus
24 grains de café enrobés de chocolat

1. Préchauffez le four à 180 °C. Beurrez 2 plaques de cuisson et chemisez-les de papier sulfurisé.

2. Faites dissoudre le café dans l'eau chaude et versez-le dans un saladier. Ajoutez la poudre d'amandes, le sucre, la liqueur et les blancs d'œufs. Mélangez afin d'obtenir une pâte ferme.

3. Façonnez en boules des cuillerées à soupe rases de pâte. Disposez-les sur les plaques, à 3 cm de distance. Aplatissez-les à la main. Enfoncez 1 grain de café au centre et faites cuire 15 minutes au four. Laissez refroidir sur les plaques.

24 PIÈCES

Préparation + cuisson **30 minutes**

Palets au chocolat blanc & aux noix

INGRÉDIENTS

125 g de beurre ramolli
½ c. à c. d'extrait de vanille
75 g de sucre
75 g de cassonade
1 œuf
150 g de farine
½ c. à c. de bicarbonate de soude
150 g de chocolat blanc cassé en gros morceaux
50 g de noix grossièrement broyées

1. Préchauffez le four à 180 °C. Beurrez 2 plaques de cuisson et chemisez-les de papier sulfurisé.

2. Lissez en pommade le beurre, l'extrait de vanille, le sucre, la cassonade et l'œuf, sans trop fouetter. Incorporez la farine et le bicarbonate de soude tamisés, puis le chocolat blanc et les noix.

3. Faites tomber des cuillerées de pâte sur les plaques en les espaçant de 5 cm. Passez les palets 15 minutes au four. Laissez-les refroidir sur les plaques.

40 PIÈCES

Préparation + cuisson **25 minutes (+ réfrigération)**

Jumbles aux épices

INGRÉDIENTS

60 g de beurre coupé en dés
110 g de cassonade ou vergeoise blonde
270 g de sirop d'érable
1 œuf battu
1 c. à c. de bicarbonate de soude

450 g de farine
2 c. à c. de gingembre moulu
1 c. à c. de cannelle
1 c. à c. de mélange d'épices pour pain d'épices
½ c. à c. de clous de girofle moulus

GLAÇAGE
1 blanc d'œuf
240 g de sucre glace
2 c. à c. de farine
1 c. à s. de jus de citron, environ
Colorant alimentaire rose

1. Faites chauffer le beurre, la cassonade et le sirop d'érable dans une casserole, à feu doux, en remuant constamment, jusqu'à dissolution du sucre. Laissez refroidir 10 minutes. Versez le mélange dans un bol ; incorporez l'œuf, puis tous les ingrédients secs tamisés, en 2 fois. Pétrissez la pâte sur un plan de travail fariné. Couvrez et placez 30 minutes au réfrigérateur.

2. Préchauffez le four à 160 °C. Graissez 1 ou 2 plaques à pâtisserie et chemisez-les de papier sulfurisé.

3. Divisez la pâte en 8 parts égales. Formez chacune en rouleau de 30 cm de long. Découpez chaque rouleau en tronçons de 5 à 6 cm. Disposez les tronçons de pâte sur les plaques à pâtisserie en les espaçant de 3 cm. Avec les mains farinées, arrondissez les extrémités des biscuits et aplatissez-les légèrement. Enfournez 15 minutes. Laissez refroidir sur les plaques.

4. Préparez le glaçage. Battez légèrement le blanc d'œuf, puis incorporez peu à peu le sucre glace tamisé avec la farine, en ajoutant juste assez de jus de citron pour obtenir un glaçage crémeux, facile à appliquer. Versez la moitié du glaçage dans un autre bol et incorporez un peu de colorant rose. Couvrez les deux bols d'un torchon humide pour ne pas dessécher le glaçage avant de l'utiliser. Appliquez du glaçage blanc ou rose sur les biscuits.

30 PIÈCES

Préparation + cuisson **50 minutes (+ repos)**

Florentins

INGRÉDIENTS

150 g de beurre coupé en dés
165 g de cassonade ou vergeoise blonde
1 ½ c. à s. de miel liquide
105 g de farine
¾ de c. à c. de gingembre moulu
½ c. à c. de cannelle
30 g de corn flakes
105 g de pistaches grossièrement hachées
105 g d'amandes effilées
50 g de cerises confites rouges, grossièrement hachées
35 g de cranberries séchées
40 g d'un mélange d'écorces d'agrumes confites
300 g de chocolat noir à 70 % de cacao

1. Préchauffez le four à 180 °C. Graissez 2 plaques à pâtisserie et chemisez-les de papier sulfurisé.

2. Faites chauffer le beurre, la cassonade et le miel liquide dans une petite casserole sur feu doux. Poursuivez la cuisson 2 minutes tout en remuant : le beurre doit être fondu et le mélange onctueux. Transvasez dans un grand bol résistant à la chaleur ; incorporez la farine tamisée, le gingembre et la cannelle, les corn flakes, puis les fruits à coque, les cerises confites, les cranberries et les écorces d'agrumes confites.

3. Versez 1 cuillerée à soupe de pâte sur une plaque à pâtisserie ; étalez, avec la paume de la main ou avec le dos d'une cuillère, de manière à obtenir des disques de 7 cm de diamètre. Disposez 3 autres disques de pâte sur la même plaque, espacés de 5 cm.

4. Enfournez 10 minutes jusqu'à obtenir une belle couleur dorée. Laissez les florentins 2 minutes sur la plaque, puis mettez-les à refroidir sur une grille. Recommencez jusqu'à épuisement de la pâte. Faites fondre le chocolat. Appliquez un peu de chocolat à la base de chaque florentin. Laissez prendre 1 heure environ.

ASTUCE
N'hésitez pas à varier les fruits à coque et les fruits confits qui garniront vos florentins ; il suffit de respecter le poids indiqué.

EAT
ME

12 PIÈCES

Préparation + cuisson **1 h 10 (+ refroidissement & réfrigération)**

Cupcakes à la crème & aux framboises

INGRÉDIENTS

90 g de beurre ramolli
½ c. à c. d'extrait de vanille
110 g de sucre
2 œufs
150 g de farine
½ c. à c. de levure chimique
2 c. à s. de lait
100 g de framboises surgelées
2 c. à s. de xérès doux
125 g de framboises fraîches

GLAÇAGE À LA CRÈME FOUETTÉE

2 c. à s. de poudre pour crème pâtissière
2 c. à s. de sucre
250 ml de crème liquide
250 ml de crème épaisse

1. Préparez le glaçage à la crème fouettée. Dans une petite casserole, mélangez la poudre pour crème pâtissière, le sucre et la crème liquide. Faites chauffer, en remuant, jusqu'à ce que la préparation bouille et épaississe. Retirez du feu. Filmez au contact et laissez refroidir 20 minutes. Mettez 1 heure au réfrigérateur. Avec un batteur électrique, battez la crème froide jusqu'à consistance lisse. Ajoutez la crème épaisse à la préparation et battez jusqu'à ce que des pics mous se forment.

2. Préchauffez le four à 180 °C. Chemisez de caissettes en papier un moule à muffins de 12 alvéoles (80 ml).

3. Battez le beurre, l'extrait de vanille, le sucre, les œufs, la farine tamisée avec la levure et le lait avec un batteur électrique à vitesse lente. Quand les ingrédients sont bien incorporés, passez à vitesse moyenne et battez jusqu'à ce que la préparation pâlisse. Incorporez les framboises surgelées. Répartissez la préparation dans les caissettes et égalisez la surface.

4. Faites cuire 30 minutes environ. Laissez les cupcakes reposer 10 minutes avant de les démouler et de les laisser refroidir sur une grille. Étalez du xérès sur le dessus au pinceau.

5. Nappez de glaçage le dessus des cupcakes et décorez de framboises fraîches. Saupoudrez de sucre glace tamisé.

20 PIÈCES

Préparation + cuisson **1 h 10 (+ réfrigération & refroidissement)**

Cupcakes meringués au fruit de la Passion

INGRÉDIENTS

125 g de beurre ramolli
2 c. à c. de zeste de citron râpé
150 g de sucre
2 œufs
185 g de farine
1 ½ c. à c. de levure chimique
80 ml de lait

CRÈME AU FRUIT DE LA PASSION
4 jaunes d'œufs
75 g de sucre
80 ml de pulpe de fruit de la Passion
50 g de beurre coupé en cubes

MERINGUE AU FRUIT DE LA PASSION
3 blancs d'œufs
165 g de sucre
1 c. à s. de pulpe de fruit de la Passion
Colorant alimentaire jaune

1. Préparez la crème au fruit de la Passion. Faites chauffer les ingrédients au bain-marie en fouettant pendant 10 minutes jusqu'à ce que la préparation nappe le dos de la cuillère. Filmez au contact et placez une nuit au réfrigérateur.

2. Préchauffez le four à 180 °C. Chemisez de caissettes en papier 20 alvéoles de 2 moules à minimuffins de 12 alvéoles (40 ml).

3. Mélangez le beurre, le zeste de citron, le sucre et les œufs au batteur électrique jusqu'à consistance légère et mousseuse. Incorporez la farine tamisée avec la levure et le lait, en 2 fois. Répartissez la pâte dans les caissettes. Enfournez 20 minutes. Attendez 5 minutes avant de démouler les gâteaux à l'envers sur une grille, pour les laisser refroidir. Augmentez la température du four à 240 °C.

4. Préparez la meringue au fruit de la Passion. Montez les blancs d'œufs en neige, puis incorporez le sucre cuillerée par cuillerée, en battant jusqu'à ce que le sucre soit dissous avant d'en ajouter. Incorporez la pulpe de fruit de la Passion ainsi qu'un peu de colorant.

5. Découpez un trou de 1 cm de profondeur au centre de chaque gâteau et remplissez ces trous de crème au fruit de la Passion. Mettez les cupcakes sur une plaque de cuisson. Déposez des cuillerées à soupe bombées de meringue sur le dessus de chaque cupcake. Passez 5 minutes au four, le temps que la meringue dore légèrement.

12 PIÈCES

Préparation + cuisson **1 h 10**

Cupcakes à la guimauve

INGRÉDIENTS

150 g de beurre doux ramolli
½ c. à c. d'extrait de vanille
150 g de sucre
2 œufs
125 g de farine
1 c. à c. de levure chimique
60 g de poudre d'amandes
110 g de confiture de fraises
1 c. à s. de noix de coco râpée

GLAÇAGE À LA GUIMAUVE

2 blancs d'œufs
220 g de sucre
60 ml d'eau froide
1 c. à s. de sirop de glucose
1 c. à c. d'eau de rose
Colorant alimentaire rose

1. Préchauffez le four à 180 °C. Chemisez de caissettes en papier un moule à muffins de 12 alvéoles (80 ml).

2. Battez le beurre, l'extrait de vanille, le sucre et les œufs avec un batteur électrique jusqu'à l'obtention d'une consistance légère et aérée. Incorporez la farine tamisée avec la levure et la poudre d'amandes, en 2 fois. Répartissez la préparation dans les caissettes en papier. Faites cuire 25 minutes. Laissez reposer les cupcakes 5 minutes avant de les démouler et de les laisser refroidir sur une grille.

3. Préparez le glaçage à la guimauve. Faites chauffer les blancs d'œufs, le sucre, l'eau et le sirop de glucose au bain-marie. Battez avec un batteur électrique à faible vitesse pendant 3 minutes, puis 4 minutes à vitesse élevée, jusqu'à la formation de pics mous. Retirez du feu. Ajoutez l'eau de rose et un peu de colorant ; battez à vitesse élevée pendant 2 minutes jusqu'à l'obtention d'un glaçage épais.

4. Découpez un chapeau de 2 cm d'épaisseur au centre de chaque cupcake. Fourrez de confiture et remettez le chapeau en place. Mettez le glaçage à la guimauve dans une poche à douille munie d'un embout cannelé de 2 cm de diamètre. Garnissez-en les cupcakes et parsemez de noix de coco râpée.

ASTUCE

Ne préparez le glaçage à la guimauve qu'au dernier moment, car il devient dur à travailler lorsqu'on le laisse reposer.

15 PIÈCES

Préparation + cuisson **55 minutes**

Cupcakes au chocolat & au lait malté

INGRÉDIENTS

185 g de beurre doux ramolli
165 g de sucre
3 œufs
225 g de farine
2 c. à c. de levure chimique
2 c. à s. de cacao en poudre
2 c. à s. de lait malté en poudre
125 ml de lait
125 g de Maltesers®
(boules de chocolat au lait malté)

GLAÇAGE AU LAIT MALTÉ

125 g de beurre doux ramolli
40 g de lait malté en poudre
320 g de sucre glace
60 ml de crème liquide

1. Préchauffez le four à 180 °C. Chemisez de caissettes en papier 15 alvéoles de 2 moules à muffins de 12 alvéoles (80 ml).

2. Avec un batteur électrique, battez à faible vitesse le beurre, le sucre, les œufs, la farine tamisée avec la levure, le cacao, le lait malté et le lait jusqu'à l'obtention d'une consistance homogène. Battez à vitesse moyenne jusqu'à ce que la préparation pâlisse. Répartissez-la dans les caissettes et lissez la surface. Enfournez 25 minutes. Laissez les cupcakes reposer 10 minutes avant de les démouler et de les laisser refroidir sur une grille.

3. Préparez le glaçage au lait malté. Battez le beurre et le lait malté en poudre avec un batteur électrique jusqu'à l'obtention d'une consistance légère et aérée. Sans cesser de battre, incorporez le sucre glace tamisé et la crème liquide, en 2 fois.

4. Recouvrez les cupcakes de glaçage et parsemez-les de morceaux de Maltesers®.

30 PIÈCES

Préparation + cuisson **1 heure (+ refroidissement)**

Cupcakes au chocolat & à la crème rose

INGRÉDIENTS

60 g de chocolat noir cassé en morceaux
160 ml de lait
90 g de beurre ramolli
220 g de cassonade blonde
2 œufs
100 g de farine
2 c. à s. de cacao en poudre
1 c. à c. de levure chmique
40 g de poudre d'amandes
100 g de framboises surgelées

CRÈME AU BEURRE MERINGUÉE
3 blancs d'œufs
165 g de sucre
225 g de beurre ramolli
1 ½ c. à c. d'extrait de vanille
Colorant alimentaire rose

1. Préchauffez le four à 180 °C. Chemisez de caissettes en papier 30 alvéoles de 3 moules à minimuffins de 12 alvéoles (40 ml).

2. Dans une petite casserole, faites fondre le chocolat avec le lait, à feu doux, jusqu'à consistance lisse.

3. Avec un batteur électrique, battez le beurre, la cassonade et les œufs, puis transférez la préparation dans un grand saladier. Incorporez la farine et le cacao tamisés avec la levure, la poudre d'amandes, puis la préparation chaude au chocolat. Ajoutez les framboises et répartissez le mélange dans les caissettes. Enfournez 25 minutes. Laissez les cupcakes reposer 10 minutes avant de les démouler et de les laisser refroidir sur une grille.

4. Préparez la crème au beurre meringuée. Battez les blancs d'œufs et le sucre au bain-marie avec un batteur électrique pendant 3 minutes jusqu'à dissolution du sucre. Retirez du feu puis battez à vitesse rapide pendant 10 minutes jusqu'à ce que le glaçage soit épais. Incorporez le beurre, en plusieurs fois. Incorporez l'extrait de vanille et quelques gouttes de colorant.

5. Mettez la crème au beurre dans une poche à douille munie d'un embout cannelé de 2 cm de diamètre. Décorez les gâteaux avec la crème.

12 PIÈCES

Préparation + cuisson **55 minutes (+ refroidissement)**

Cupcakes à la pêche & à la crème

INGRÉDIENTS

90 g de beurre doux ramolli
90 g de cream cheese à température ambiante
150 g de sucre + 2 c. à s.
2 œufs
125 g de farine
1 c. à c. de levure chimique
2 c. à c. d'eau de fleur d'oranger
160 ml d'eau
120 g de pêches séchées finement hachées
300 ml de crème entière
1 c. à s. de sucre glace

1. Préchauffez le four à 180 °C. Chemisez de caissettes en papier un moule à muffins de 12 alvéoles (80 ml).

2. Battez le beurre, le cream cheese, 150 g de sucre et les œufs avec un batteur électrique jusqu'à l'obtention d'une consistance légère et aérée. Ajoutez la farine tamisée avec la levure et l'eau de fleur d'oranger. Battez à faible vitesse jusqu'à ce que la préparation soit homogène. Répartissez-la dans les caissettes en papier et lissez la surface. Enfournez 25 minutes. Laissez les cupcakes reposer 10 minutes, puis démoulez-les et laissez-les refroidir sur une grille.

3. Mélangez l'eau, les pêches et 2 cuillerées à soupe de sucre dans une petite casserole. Portez à ébullition. Faites bouillir 10 minutes sans couvrir jusqu'à ce que les pêches soient tendres et que le liquide ait été presque entièrement absorbé. Laissez refroidir.

4. Découpez un chapeau de 2 cm d'épaisseur au centre de chaque cupcake et fourrez avec de la préparation à la pêche. Jetez le chapeau des cupcakes.

5. Battez la crème et le sucre glace avec un batteur électrique jusqu'à la formation de pics mous. Recouvrez les cupcakes de crème fouettée et nappez-les du reste de la préparation à la pêche.

12 PIÈCES

Préparation + cuisson **55 minutes**

Cupcakes à la cannelle

INGRÉDIENTS

155 g de beurre doux ramolli
75 g de sucre roux
3 c. à c. de cannelle
2 c. à c. de cacao en poudre
220 g de sucre
2 œufs
260 g de farine
2 c. à c. de levure chimique
125 ml de lait fermenté
2 c. à c. de sucre à la cannelle

GLAÇAGE AU CREAM CHEESE

60 g de beurre doux ramolli
160 g de cream cheese à température ambiante
480 g de sucre glace

1. Faites fondre 30 g de beurre dans une petite casserole. Retirez du feu et incorporez le sucre roux, la cannelle et le cacao. Laissez refroidir.

2. Préchauffez le four à 180 °C. Chemisez de caissettes en papier un moule à muffins de 12 alvéoles (80 ml).

3. Avec un batteur électrique à faible vitesse, battez le reste de beurre, le sucre, les œufs, les farines tamisées et le lait fermenté jusqu'à ce que le mélange soit homogène. Battez à vitesse moyenne jusqu'à ce que la préparation pâlisse. Incorporez le mélange au sucre roux, de façon à obtenir un effet marbré. Répartissez la préparation dans les caissettes.

4. Faites cuire 25 minutes. Laissez les cupcakes reposer 10 minutes avant de les démouler et de les laisser refroidir sur une grille.

5. Préparez le glaçage au cream cheese. Battez le beurre et le cream cheese avec un batteur électrique jusqu'à ce que le mélange soit léger et mousseux. Incorporez progressivement le sucre glace tamisé. Nappez les cupcakes de glaçage et saupoudrez-les de sucre à la cannelle.

12 PIÈCES

Préparation + cuisson **1 h 10 (+ refroidissement & congélation)**

Cupcakes napolitains meringués

INGRÉDIENTS

125 g de beurre doux coupé en gros cubes
80 g de chocolat blanc coupé en gros morceaux
220 g de sucre
125 ml de lait
150 g de farine
1 ½ c. à c. de levure chimique
1 œuf
250 ml de glace napolitaine (vanille-fraise-chocolat)

MERINGUE
3 blancs d'œufs
165 g de sucre

1. Préchauffez le four à 180 °C. Chemisez de caissettes en papier un moule à muffins de 12 alvéoles (80 ml).

2. Dans une petite casserole, faites chauffer à feu doux le beurre, le chocolat, le sucre et le lait, en remuant, jusqu'à l'obtention d'une consistance homogène. Transvasez la préparation dans un récipient et laissez refroidir 15 minutes.

3. Incorporez la farine tamisée avec la levure, puis l'œuf, avec un fouet. Répartissez la préparation dans les caissettes. Faites cuire 30 minutes. Laissez les cupcakes reposer 10 minutes avant de les démouler et de les laisser refroidir sur une grille.

4. Avec un couteau tranchant et pointu, découpez un chapeau au centre des cupcakes. Déposez 1 cuillerée à soupe rase de glace dans chaque cupcake, puis refermez avec le chapeau. Disposez les cupcakes sur une plaque de cuisson et placez-les au congélateur.

5. Préchauffez le four à 220 °C. Préparez la meringue. Battez les blancs d'œufs et le sucre dans un petit récipient, avec un batteur électrique, jusqu'à ce que le sucre soit dissous. Recouvrez les cupcakes de meringue. Faites cuire au four pendant 2 minutes pour que la meringue brunisse légèrement. Servez immédiatement.

16 PIÈCES

Préparation + cuisson **55 minutes**

Whoopies au chocolat & à la menthe

INGRÉDIENTS

125 g de beurre doux ramolli
110 g de sucre roux
1 œuf
145 g de farine
1 c. à c. de bicarbonate de soude
35 g de cacao en poudre
160 ml de lait fermenté

CRÈME À LA MENTHE
125 g de beurre doux ramolli
240 g de sucre glace
1 c. à s. de lait
1 c. à c. d'essence de menthe poivrée
Colorant alimentaire vert

GANACHE AU CHOCOLAT
60 ml de crème liquide
100 g de chocolat noir coupé en petits morceaux

1. Préchauffez le four à 200 °C. Beurrez 2 plaques de cuisson et chemisez-les de papier sulfurisé.
2. Battez le beurre, le sucre et l'œuf avec un batteur électrique jusqu'à l'obtention d'une consistance légère et aérée. Ajoutez les ingrédients secs tamisés et le lait fermenté en 2 fois, en battant à faible vitesse.
3. Déposez des cuillerées à soupe rases de pâte sur les plaques, en leur donnant une forme de disque et en les espaçant d'environ 4 cm. Faites cuire 8 minutes, puis laissez refroidir sur les plaques.
4. Préparez la crème à la menthe. Avec un batteur électrique, battez le beurre jusqu'à ce qu'il devienne aussi blanc que possible. Incorporez le sucre glace tamisé, le lait, puis l'essence de menthe ; colorez la préparation en vert.
5. Préparez la ganache au chocolat. Portez la crème à ébullition dans une petite casserole. Retirez du feu, ajoutez le chocolat et remuez. Assemblez les disques deux par deux avec la crème au beurre et la ganache.

ASTUCE
Formez des disques réguliers car la forme restera la même après la cuisson.

16 PIÈCES

Préparation + cuisson **55 minutes**

Whoopies au cream cheese

INGRÉDIENTS

125 g de beurre doux ramolli
110 g de sucre
1 œuf
160 g de farine
1 c. à c. de bicarbonate de soude
25 g de cacao en poudre
160 ml de lait fermenté
2 c. à c. de colorant alimentaire rose
1 c. à s. de miniperles en sucre argentées

GARNITURE AU CREAM CHEESE

250 g de cream cheese ramolli
80 g de sucre glace
½ c. à c. d'extrait de vanille
160 ml de crème entière

1. Préchauffez le four à 200 °C. Beurrez 2 plaques de cuisson et chemisez-les de papier sulfurisé.
2. Avec un batteur électrique, battez le beurre, le sucre et l'œuf jusqu'à ce que le mélange soit léger et aéré. Ajoutez les ingrédients secs tamisés, le lait fermenté et le colorant, en 2 fois, tout en battant à faible vitesse jusqu'à obtenir une préparation homogène.
3. Déposez des cuillerées à soupe rases de pâte sur les plaques, en leur donnant une forme de disque et en les espaçant de 4 cm. Faites cuire 8 minutes, puis laissez refroidir sur les plaques.
4. Préparez la garniture au cream cheese. Battez le cream cheese, le sucre glace tamisé et l'extrait de vanille avec un batteur électrique jusqu'à obtenir une consistance homogène. Incorporez la crème en battant.
5. Avec une cuillère, mettez la garniture dans une poche à douille munie d'un embout cannelé de 2 cm de diamètre. Recouvrez la moitié des disques de garniture, sur le côté plat, puis couvrez avec l'autre moitié. Parsemez les bords de la garniture de petites billes argentées, puis saupoudrez d'un peu de sucre glace tamisé.

28 PIÈCES

Préparation+ cuisson **1 h 10**

Whoopies à la noisette

INGRÉDIENTS

125 g de beurre doux ramolli
110 g de sucre roux
1 œuf
135 g de farine
1 c. à c. de bicarbonate de soude
70 g de poudre de noisettes
160 ml de lait fermenté
1 c. à s. de sucre glace

CRÈME AU BEURRE & À LA NOISETTE
160 g de beurre doux ramolli
320 g de sucre glace
2 c. à s. de liqueur de noisette

NOISETTES CARAMÉLISÉES AU BEURRE
220 g de sucre
80 ml d'eau
1 ½ c. à c. de sirop de glucose
10 g de beurre
3 c. à c. de rhum vieux
70 g de noisettes

1. Préchauffez le four à 200 °C. Beurrez 2 plaques de cuisson et chemisez-les de papier sulfurisé.

2. Battez le beurre, le sucre roux et l'œuf avec un batteur électrique. Ajoutez les ingrédients secs et le lait fermenté, en 2 fois, en battant à faible vitesse. Déposez des cuillerées à café bombées de la préparation sur les plaques, en leur donnant une forme de disque et en les espaçant de 4 cm. Faites cuire 8 minutes, puis laissez refroidir sur les plaques.

3. Préparez la crème au beurre et à la noisette. Avec un batteur électrique, battez le beurre. Sans cesser de battre, incorporez le sucre glace tamisé, puis la liqueur.

4. Préparez les noisettes caramélisées. Faites chauffer le sucre, l'eau et le sirop de glucose dans une petite casserole, sans laisser bouillir. Quand le sucre est dissous, portez à ébullition. Laissez bouillir sans couvrir ni remuer jusqu'à ce qu'un thermomètre à sucre indique 112 °C. Ajoutez le beurre et le rhum, et faites bouillir 10 minutes sans couvrir. Retirez du feu et ajoutez les noisettes, sans remuer. Remettez 1 minute sur le feu. En travaillant rapidement, soulevez les noisettes une par une avec une fourchette et placez-les sur une plaque de cuisson beurrée. Laissez prendre à température ambiante.

5. Assemblez les disques deux par deux en les fourrant avec deux tiers de la crème au beurre. Nappez les whoopie du reste de crème au beurre, parsemez-les de noisettes et saupoudrez de sucre glace tamisé.

28 PIÈCES

Préparation + cuisson **55 minutes**

Whoopies épicés au gingembre & au citron

INGRÉDIENTS

125 g de beurre doux ramolli
110 g de sucre roux
1 œuf
220 g de farine
1 ½ c. à c. de bicarbonate de soude
3 c. à c. de gingembre moulu
½ c. à c. de cannelle
½ c. à c. de noix de muscade moulue
½ c. à c. de clous de girofle moulus
125 ml de lait fermenté
2 c. à s. de mélasse
20 g de gingembre confit émincé

GARNITURE AU CITRON

125 g de mascarpone
125 g de cream cheese ramolli
40 g de sucre glace
160 ml de crème entière
2 c. à s. de lemon curd

GLAÇAGE AU CITRON

120 g de sucre glace
10 g de beurre fondu
1 c. à s. de jus de citron

1. Préchauffez le four à 200 °C. Beurrez 2 plaques de cuisson et chemisez-les de papier sulfurisé.

2. Avec un batteur électrique, battez le beurre, le sucre et l'œuf jusqu'à l'obtention d'une consistance légère et aérée. Ajoutez les ingrédients secs, le lait fermenté et la mélasse, en 2 fois, en battant à faible vitesse jusqu'à l'obtention d'une consistance homogène.

3. Déposez des cuillerées à café bombées de la préparation sur les plaques, en leur donnant une forme de disque et en les espaçant de 4 cm. Faites cuire 8 minutes, puis laissez refroidir sur les plaques.

4. Préparez la garniture au citron. Avec un batteur électrique, battez le mascarpone, le cream cheese et le sucre jusqu'à l'obtention d'une consistance homogène. Incorporez la crème en battant, puis ajoutez le lemon curd et mélangez de façon à obtenir un effet marbré.

5. Préparez le glaçage au citron. Mélangez le sucre glace tamisé, le beurre et le jus de citron. Assemblez les disques deux par deux avec la garniture. Arrosez-les de glaçage, puis recouvrez de gingembre confit.

12 PIÈCES

Préparation + cuisson **15 minutes**

Tartelettes chocolat-caramel

INGRÉDIENTS

12 fonds de tartelette déjà prêts
55 g de cassonade blonde
20 g de beurre
120 ml de crème liquide
150 g de chocolat noir cassé en morceaux
2 c. à s. de noisettes grillées concassées
1 c. à s. de cacao en poudre

1. Faites cuire les fonds de tartelettes selon les indications de l'emballage. Laissez refroidir.

2. Mélangez la cassonade, le beurre et 60 ml de crème liquide dans une petite casserole placée sur feu moyen. Faites chauffer sans laisser bouillir jusqu'à dissolution de la cassonade. Baissez le feu puis laissez frémir 2 minutes sans couvrir ni remuer. Laissez tiédir 5 minutes. Incorporez le chocolat et le reste de crème liquide. Placez 10 minutes au réfrigérateur.

3. Versez la crème dans les fonds de tartelette. Parsemez de noisettes et de cacao tamisé.

ASTUCE

Si vous ne trouvez pas de fonds de tartelettes, reportez-vous à la page 294 pour les réaliser vous-même. Ne mettez pas de gingembre.

LATÉRALE

8 PERS.

Préparation + cuisson **35 minutes (+ réfrigération, refroidissement & repos)**

Tartelettes à la crème au caramel & bananes caramélisées

INGRÉDIENTS

185 g de beurre froid en cubes
300 g de farine
2 c. à s. de sucre glace
1 jaune d'œuf
1 c. à c. d'extrait de vanille
2 c. à c. d'eau glacée, environ
250 ml de crème épaisse

CRÈME AU CARAMEL

300 ml de crème liquide
110 g de cassonade blonde
30 g de beurre

BANANES CARAMÉLISÉES

220 g de sucre
125 ml d'eau
2 bananes (260 g)

1. Faites chauffer les ingrédients de la crème au caramel dans une casserole sur feu moyen, en remuant, jusqu'à consistance homogène. Faites mijoter 10 minutes à découvert, sans cesser de remuer. Laissez refroidir.

2. Préchauffez le four à 200 °C. Graissez 8 moules à brioche individuels ou à tartelette.

3. Dans un robot, mélangez le beurre, la farine et le sucre glace jusqu'à l'obtention d'une pâte friable. Ajoutez le jaune d'œuf, l'extrait de vanille et assez d'eau pour amalgamer les ingrédients. Pétrissez la pâte obtenue sur un plan de travail fariné. Emballez-la de film alimentaire, puis placez-la 30 minutes au réfrigérateur.

4. Divisez la pâte en huit. Abaissez chaque pâton en disque de la taille des moules. Mettez les disques en place dans les moules. Coupez l'excédent de pâte. Piquez les fonds de tartelette avec une fourchette. Enfournez 10 minutes. Laissez refroidir.

5. Préparez les bananes caramélisées. Chemisez une plaque de four de papier sulfurisé. Dans une casserole, faites chauffer le sucre et l'eau, en remuant, sans faire bouillir, jusqu'à ce que le sucre soit dissous. Portez à ébullition, et laissez bouillir, sans couvrir ni remuer, jusqu'à ce que le sirop ait la couleur du caramel pâle. Retirez du feu, attendez que les bulles disparaissent. Pelez les bananes et coupez-les en fines rondelles. Avec une fourchette, plongez-les une à une dans le caramel, puis disposez-les sur la plaque de four. Laissez durcir à température ambiante.

6. Démoulez les tartelettes. Garnissez-les de crème au caramel puis de crème épaisse. Ajoutez les rondelles de banane caramélisées.

8 PERS.

Préparation + cuisson **1 h 15 (+ réfrigération & refroidissement)**

Tartelettes à la crème brûlée

INGRÉDIENTS

250 g de farine
185 g de beurre froid en cubes
60 ml d'eau glacée, environ
2 c. à s. de confiture de framboises
1 gousse de vanille
250 ml de lait
2 jaunes d'œufs
1 c. à s. de sucre extra fin
1 c. à s. de fécule de maïs
110 g de sucre pour caramélisation

1. Tamisez la farine au-dessus d'un grand saladier. Incorporez le beurre du bout des doigts. Ajoutez assez d'eau pour amalgamer les ingrédients. Pétrissez la pâte sur un plan de travail fariné jusqu'à ce qu'elle soit homogène. Aplatissez-la un peu et enveloppez-la de film alimentaire. Mettez 30 minutes au réfrigérateur.

2. Graissez 8 moules à tartelette à bords cannelés et à fond amovible de 8 cm de diamètre. Séparez la pâte en 8 morceaux. Abaissez chacun en un disque de la taille des moules. Foncez les moules, coupez l'excédent de pâte. Piquez les fonds de tartelette avec une fourchette, puis disposez les moules sur une plaque de four et réfrigérez 30 minutes.

3. Préchauffez le four à 200 °C. Posez sur les fonds de tartelette une feuille de papier sulfurisé et des haricots secs et enfournez 15 minutes. Retirez les haricots et le papier, et faites cuire encore 10 minutes. Laissez refroidir, puis étalez 1 cuillerée à café de confiture de framboises sur chaque fond de tarte.

4. Fendez en deux la gousse de vanille. Grattez les graines au-dessus d'une casserole. Ajoutez la gousse et le lait. Portez à ébullition, puis retirez du feu. Fouettez les jaunes d'œufs, le sucre et la fécule de maïs. Ajoutez progressivement le lait chaud, sans cesser de fouetter. Reversez la préparation dans la casserole et jetez la gousse. Fouettez sur feu vif jusqu'à épaississement. Retirez du feu et, avec une cuillère, garnissez les tartelettes de cette crème. Laissez tiédir 5 minutes, puis placez au réfrigérateur.

5. Saupoudrez les tartelettes de sucre et faites caraméliser au chalumeau. Laissez reposer 5 minutes jusqu'à ce que le caramel refroidisse et durcisse.

8 PERS.

Préparation + cuisson **1 h 15 (+ réfrigération & repos)**

Tartelettes au café & au chocolat

INGRÉDIENTS

185 g de beurre froid en cubes
250 g de farine
60 ml d'eau glacée, environ
310 ml de lait
1 ½ c. à s. de café soluble
3 jaunes d'œufs
2 c. à s. de sucre extra fin
1 c. à s. de fécule de maïs
125 g de chocolat noir cassé en morceaux
2 c. à c. d'huile végétale
1 feuille d'or alimentaire

1. Mélangez le beurre et la farine du bout des doigts. Ajoutez assez d'eau pour que les ingrédients s'agglomèrent. Pétrissez cette pâte sur un plan de travail fariné jusqu'à ce qu'elle soit homogène. Aplatissez-la un peu, enveloppez-la de film alimentaire et mettez-la 30 minutes au réfrigérateur.

2. Graissez 8 moules de 8 cm de diamètre à bords cannelés et à fond amovible. Séparez la pâte en 8 morceaux. Abaissez chacun en un disque de la taille des moules. Foncez les moules avec la pâte et coupez l'excédent. Piquez les fonds de tartelette avec une fourchette. Laissez 30 minutes au réfrigérateur.

3. Préchauffez le four à 200 °C. Garnissez les fonds de tartelette avec du papier sulfurisé et des haricots secs, et enfournez 15 minutes. Retirez les haricots et le papier. Poursuivez la cuisson 10 minutes.

4. Portez le lait et le café à ébullition dans une casserole. Retirez du feu. Fouettez les jaunes d'œufs, le sucre et la fécule de maïs. Ajoutez progressivement le lait au café chaud, en fouettant. Reversez le mélange dans la casserole. Fouettez-le sur feu vif jusqu'à ce qu'il bouille et épaississe. Étalez la crème au café sur les fonds de tartelette avec une cuillère. Placez au frais.

5. Faites fondre le chocolat avec l'huile au bain-marie, en remuant pour lissez le mélange. Versez-le sur les tartes froides. Laissez durcir à température ambiante. Décorez les tartelettes avec de la feuille d'or juste avant de les servir.

ASTUCE
Utilisez des pinces pour manipuler la feuille d'or car elle est très collante.

8 PERS.

Préparation + cuisson **1 h 30 (+ refroidissement & réfrigération)**

Tartelettes meringuées au pamplemousse

INGRÉDIENTS

185 g de beurre froid en cubes
250 g de farine
60 ml d'eau glacée, environ

CRÈME AU PAMPLEMOUSSE ROSE
5 jaunes d'œufs
165 g de sucre extra fin
75 g de beurre haché
2 c. à c. de zeste de pamplemousse rose râpé
125 ml de jus de pamplemousse rose frais

MERINGUE
75 g de sucre extra fin
60 ml d'eau
2 blancs d'œufs
1 pincée de crème de tartre

1. Préparez la crème au pamplemousse. Fouettez les jaunes d'œufs et le sucre dans un saladier au bain-marie. Ajoutez le beurre avec le zeste et le jus de pamplemousse. Faites cuire, en remuant, jusqu'à ce que la crème nappe le dos d'une cuillère. Versez-la dans le saladier nettoyé. Filmez au contact et placez au frais.

2. Mélangez le beurre et la farine du bout des doigts. Ajoutez assez d'eau pour amalgamer les ingrédients. Pétrissez la pâte, aplatissez-la un peu, puis enveloppez-la de film alimentaire. Réfrigérez 30 minutes.

3. Graissez 8 moules à tartelette à bords cannelés et à fond amovible de 8 cm de diamètre. Séparez la pâte en 8 morceaux. Abaissez chacun en un disque de la taille des moules. Foncez les moules avec la pâte. Piquez la pâte avec une fourchette, puis placez les moules 30 minutes au réfrigérateur.

4. Préchauffez le four à 200 °C. Faites cuire les fonds de tarte 15 minutes avec le papier et les haricots secs, puis 10 minutes sans. Laissez refroidir. Étalez la crème au pamplemousse sur les fonds de tartelette.

5. Préparez la meringue. Faites chauffer le sucre et l'eau sur feu vif, sans faire bouillir. Quand le sucre est dissous, portez à ébullition, puis baissez le feu et laissez mijoter à découvert, sans remuer, jusqu'à ce que le sirop atteigne 115 °C sur un thermomètre à sucre. Battez les blancs avec la crème de tartre. Amenez la température du sirop à 121 °C. Sans cesser de battre, versez progressivement ce sirop en un filet continu dans les blancs d'œufs. Battez jusqu'à refroidissement. Mettez la meringue dans une poche à douille munie d'un embout lisse de 1,5 cm de diamètre. Garnissez les tartelettes. Servez tel quel ou dorez la meringue au chalumeau.

10 PERS.

Préparation + cuisson **1 h 30 (+ réfrigération & refroidissement)**

Tarte à la frangipane & figues caramélisées

INGRÉDIENTS

150 g de beurre froid
200 g de farine
2 c. à s. d'eau glacée, environ
5 figues fraîches (300 g)
2 c. à s. de sucre extra fin
80 g de confiture de figues
2 c. à s. d'eau

FRANGIPANE

150 g de beurre ramolli
165 g de sucre
3 œufs
180 g de poudre d'amandes
50 g de farine

1. Mélangez le beurre et la farine du bout des doigts. Ajoutez assez d'eau de façon à lier les ingrédients. Pétrissez la pâte sur un plan de travail fariné jusqu'à ce qu'elle soit homogène. Aplatissez-la un peu, puis enveloppez-la de film alimentaire. Mettez 30 minutes au frais.

2. Graissez un moule à tarte à bords cannelés et à fond amovible de 11 × 34 cm. Abaissez la pâte sur un plan de travail fariné ou entre 2 feuilles de papier sulfurisé. Foncez le moule, coupez l'excédent de pâte. Piquez le fond de tarte avec une fourchette. Mettez 30 minutes au réfrigérateur.

3. Préchauffez le four à 200 °C. Recouvrez le fond de tarte de papier sulfurisé, puis remplissez-le de haricots secs ou de riz. Enfournez 15 minutes, puis retirez les haricots et le papier. Poursuivez la cuisson 10 minutes.

4. Préparez la frangipane. Fouettez le beurre avec le sucre jusqu'à ce que le mélange soit aérien et mousseux. Incorporez les œufs, un à un, sans cesser de fouetter, puis ajoutez la poudre d'amandes et la farine tamisée. Étalez la frangipane sur le fond de tarte et lissez la surface. Faites cuire 25 minutes. Laissez refroidir dans le moule.

5. Coupez les figues en deux et saupoudrez la surface coupée de sucre. Faites chauffer une grande poêle et disposez les figues, côté coupé vers le bas. Faites-les caraméliser sur feu moyen, puis retirez-les de la poêle. Versez la confiture et l'eau dans la poêle. Faites chauffer en remuant jusqu'à l'obtention d'un sirop.

6. Placez la tarte sur un plat de service. Nappez-la de sirop et garnissez-la de figues caramélisées. Servez avec de la crème fouettée.

16 PIÈCES

Préparation + cuisson **1 h 30 (+ réfrigération & refroidissement)**

Feuilletés à la crème & aux figues

INGRÉDIENTS

3 rouleaux de pâte feuilletée pur beurre
5 figues fraîches (300 g) coupées en deux, puis en fines tranches
55 g de sucre roux

CRÈME PÂTISSIÈRE
250 ml de lait
75 g de sucre
1 c. à c. d'extrait de vanille
2 c. à s. de fécule de maïs
3 jaunes d'œufs
2 c. à s. de crème épaisse

1. Préparez la crème pâtissière. Dans une petite casserole, portez à ébullition le lait, le sucre et l'extrait de vanille. Mélangez la fécule de maïs et les jaunes d'œufs. Incorporez progressivement le lait chaud, avec un fouet. Remettez la préparation dans la casserole et remuez sur le feu jusqu'à ce qu'elle bouillonne et épaississe. Filmez au contact. Laissez refroidir 20 minutes, puis placez 2 heures au réfrigérateur. Incorporez la crème épaisse.

2. Préchauffez le four à 200 °C. Beurrez 2 plaques de cuisson. Badigeonnez légèrement 1 rouleau de pâte avec de l'eau ; posez l'autre rouleau dessus et pressez fermement. Découpez 16 disques de 5,5 cm de diamètre, puis découpez un disque de 3,5 cm de diamètre au centre de chacun. Jetez les petits disques.

3. Découpez 16 disques de 5,5 cm dans le rouleau de pâte restant ; placez-les sur des plaques de cuisson et badigeonnez-les légèrement d'eau. Ajoutez les anneaux de pâte sur les disques et pressez délicatement. Faites cuire 30 minutes. Laissez refroidir sur les plaques.

4. Préchauffez le gril. À l'aide d'une cuillère à café, pressez le centre des disques et remplissez le creux de crème pâtissière. Recouvrez de tranches de figue et saupoudrez de sucre roux. Faites caraméliser sous le gril.

8 PERS.

Préparation + cuisson **1 h 30 (+ réfrigération)**

Tarte Tatin aux pommes & aux poires

INGRÉDIENTS

100 g de beurre froid en cubes
200 g de farine
165 g de sucre extra fin
1 œuf battu
60 ml d'eau
3 petites pommes fermes (100 g)
3 petites poires fermes (300 g)
30 g de beurre pour la cuisson des fruits

1. Mélangez le beurre, la farine et 1 cuillerée à soupe de sucre du bout des doigts. Ajoutez l'œuf et mélangez jusqu'à ce que les ingrédients s'agglomèrent. Pétrissez cette pâte sur un plan de travail fariné jusqu'à ce qu'elle soit homogène. Abaissez-la pour former un disque de 22 cm de diamètre. Mettez-le sur une plaque de four chemisée de papier sulfurisé, recouvrez de film alimentaire et mettez 30 minutes au réfrigérateur.

2. Préchauffez le four à 200 °C.

3. Mélangez le reste de sucre et l'eau dans une poêle peu profonde à fond épais de 20 cm de diamètre allant au four. Faites chauffer à feu vif en remuant, sans faire bouillir, jusqu'à ce que le sucre soit dissous. Portez à ébullition et laissez bouillir, à découvert, sans remuer, jusqu'à ce que le sirop ait la couleur du caramel.

4. Pelez les fruits, coupez-les en quartiers. Ôtez leur partie centrale dure. Ajoutez les 30 g de beurre dans la poêle. Mettez, en les alternant, les morceaux de pomme et de poire, côté arrondi vers le bas, dans la poêle. Faites-les cuire à feu doux jusqu'à ce qu'ils soient tendres. Retirez du feu.

5. Mettez délicatement en place le disque de pâte sur les fruits cuits en l'enfonçant bien dans la poêle. Enfournez 35 minutes. Laissez reposer la tarte 10 minutes, puis retournez-la sur un plat de service. Servez avec de la crème fouettée ou de la glace.

8 PIÈCES

Préparation + cuisson **1 h 15 (+ réfrigération)**

Tartelettes aux pommes caramélisées

INGRÉDIENTS

185 g de beurre froid
250 g de farine
60 ml d'eau glacée, environ
4 petites pommes (400 g)
2 c. à s. de sucre non raffiné

FRANGIPANE
50 g de beurre ramolli
55 g de sucre extra fin
1 œuf
60 g de poudre d'amandes
2 c. à s. de farine

CRÈME PÂTISSIÈRE
½ gousse de vanille
250 ml de lait
2 jaunes d'œufs
55 g de sucre extra fin
2 c. à s. de fécule de maïs

1. Mélangez le beurre et la farine du bout des doigts. Ajoutez assez d'eau pour amalgamer les ingrédients. Pétrissez la pâte sur un plan de travail fariné. Aplatissez-la légèrement, enveloppez-la de film alimentaire et mettez-la 30 minutes au frais.

2. Graissez 8 moules de 8 cm de diamètre à bords cannelés et à fond amovible. Séparez la pâte en 8 morceaux et étalez 8 disques à la taille des moules. Foncez les moules avec les disques de pâte, coupez l'excédent. Piquez les fonds de tartelette avec une fourchette. Réfrigérez 30 minutes.

3. Préparez la frangipane comme indiqué page 276.

4. Préparez la crème pâtissière. Fendez la gousse de vanille en deux et grattez les graines dans une casserole. Ajoutez la gousse et le lait. Portez à ébullition, puis retirez du feu. Fouettez les jaunes d'œufs, le sucre et la fécule de maïs. Ajoutez progressivement le lait à la vanille, tout en fouettant. Filtrez la préparation dans la même casserole. Jetez la gousse. Fouettez sur feu vif jusqu'à épaississement. Retirez du feu et couvrez de film alimentaire.

5. Préchauffez le four à 200 °C. Garnissez les fonds de tartelette de papier sulfurisé et de haricots secs. Enfournez 15 minutes avec les haricots, puis 10 minutes sans. Étalez la crème pâtissière sur les fonds de tartelette, puis recouvrez de frangipane.

6. Coupez les pommes en deux et ôtez leur partie centrale. Avec une mandoline, tranchez finement une moitié de pomme. Coupez les tranches en deux dans la longueur et disposez-les sur la frangipane. Saupoudrez de sucre. Faites cuire 30 minutes.

12 PIÈCES

Préparation + cuisson **1 h 20 (+ réfrigération & repos)**

Minitartes Tatin

INGRÉDIENTS

3 petites pommes (390 g)
2 c. à s. de jus de citron
110 g de sucre
50 g de beurre doux coupé en gros cubes
2 c. à s. d'eau
2 rouleaux de pâte feuilletée pur beurre

1. Préchauffez le four à 220 °C. Beurrez un moule à tartelettes de 12 alvéoles rondes peu profondes (30 ml). Épluchez les pommes, évidez-les et détaillez-les en quartiers. Coupez chaque quartier en fines tranches, sans aller jusqu'au bout. Mélangez les pommes et le jus de citron dans un récipient.

2. Faites chauffer dans une petite poêle le sucre, le beurre et la moitié de l'eau, en remuant, sans laisser bouillir, jusqu'à ce que le sucre soit dissous. Portez à ébullition, puis baissez le feu et laissez mijoter 8 minutes sans couvrir ni remuer, en agitant la poêle de temps en temps, jusqu'à l'obtention d'un caramel foncé. Une fois que l'ébullition est retombée, répartissez avec précaution le caramel dans les alvéoles du moule, à l'aide d'une cuillère. Ajoutez le reste de l'eau dans la poêle chaude et réservez ce liquide au caramel.

3. Placez 1 quartier de pomme dans chaque alvéole, côté rond vers le bas (découpez les quartiers au préalable pour qu'ils soient à la bonne taille). Badigeonnez les pommes avec le liquide au caramel réservé. Couvrez le moule de papier d'aluminium et placez-le sur une plaque de cuisson. Faites cuire au four 10 minutes, puis retirez le papier d'aluminium.

4. Découpez 12 disques de 6 cm de diamètre dans la pâte. Placez-les sur les pommes dans les alvéoles, en repliant les bords le long des parois. Faites cuire 30 minutes, puis laissez les tartelettes reposer 20 minutes avant de les démouler sur une plaque chemisée de papier sulfurisé. Servez-les avec la crème épaisse.

10 PERS.

Préparation + cuisson **1 h 15 (+ réfrigération)**

Tarte à la ricotta & aux fruits rouges

INGRÉDIENTS

185 g de beurre froid en cubes
200 g de farine
60 ml d'eau glacée, environ
500 g de ricotta ramollie
80 ml de crème liquide
75 g de sucre extra fin
3 œufs
1 c. à s. de zeste de citron râpé
200 g de fraises
125 g de myrtilles
125 g de framboises
1 c. à c. de sucre glace

1. Mélangez le beurre et la farine du bout des doigts. Ajoutez assez d'eau pour amalgamer les ingrédients. Pétrissez la pâte sur un plan de travail fariné jusqu'à ce qu'elle soit homogène. Aplatissez-la un peu, puis enveloppez-la de film alimentaire et mettez-la 30 minutes au frais.

2. Graissez un moule à tarte à bords cannelés et à fond amovible de 22 cm de diamètre. Abaissez la pâte sur un plan de travail fariné ou entre 2 feuilles de papier sulfurisé. Foncez le moule en pressant la pâte contre le fond et les bords. Coupez l'excédent de pâte. Piquez le fond de tarte avec une fourchette et mettez 30 minutes au frais.

3. Préchauffez le four à 200 °C. Placez le moule sur une plaque de four. Posez une feuille de papier sulfurisé sur le fond de tarte. Garnissez de haricots secs et faites cuire à blanc 15 minutes. Retirez les haricots et le papier, et poursuivez la cuisson 10 minutes. Laissez refroidir. Baissez la température du four à 180 °C.

4. Battez la ricotta, la crème, le sucre, les œufs et le zeste de citron au mixeur jusqu'à ce que la préparation soit homogène. Versez-la sur le fond de tarte. Enfournez 35 minutes. Laissez refroidir au réfrigérateur.

5. Équeutez les fraises et coupez-les en deux si elles sont grosses. Décorez la tarte avec les fruits rouges et saupoudrez-la de sucre glace avant de servir.

8 PERS.

Préparation + cuisson **1 h 45 (+ réfrigération & refroidissement)**

Tarte à la rhubarbe

INGRÉDIENTS

150 g de beurre froid en cubes
200 g de farine
2 c. à s. d'eau glacée, environ
1 botte de rhubarbe (500 g)
2 c. à s. de sucre glace

CRÈME PÂTISSIÈRE À LA VANILLE
1 gousse de vanille
500 ml de lait
5 jaunes d'œufs
110 g de sucre extra fin
50 g de fécule de maïs
50 g de beurre

1. Préparez la crème pâtissière à la vanille comme indiqué page 282. Hors du feu, incorporez le beurre sans cesser de fouetter. Transvasez dans un saladier. Recouvrez de film alimentaire et laissez 1 heure au réfrigérateur.

2. Mélangez le beurre et la farine du bout des doigts. Ajoutez juste assez d'eau pour que les ingrédients s'agglomèrent. Pétrissez cette pâte sur un plan de travail fariné jusqu'à ce qu'elle soit homogène. Aplatissez-la un peu, puis enveloppez-la de film alimentaire. Mettez 30 minutes au frais.

3. Graissez un moule à tarte à bords cannelés et à fond amovible de 11 × 34 cm. Abaissez la pâte sur un plan de travail fariné ou entre 2 feuilles de papier sulfurisé à la taille du moule. Foncez le moule avec la pâte, coupez l'excédent. Piquez le fond avec une fourchette, puis mettez 30 minutes au frais.

4. Préchauffez le four à 200 °C. Placez le moule sur une plaque de four. Posez sur le fond de tarte une feuille de papier sulfurisé et des haricots secs. Faites cuire 15 minutes, puis retirez les haricots et le papier. Enfournez encore 10 minutes. Laissez refroidir.

5. Parez la rhubarbe et coupez-la en segments de 11 cm. Mélangez-la au sucre glace dans un plat peu profond allant au four. Faites-la rôtir 10 minutes : elle doit être tendre, tout en restant entière. Égouttez-la et réservez le sirop du plat.

6. Étalez la crème pâtissière sur le fond de tarte. Recouvrez-la des morceaux de rhubarbe et nappez de sirop. Servez immédiatement.

10 PERS.

Préparation + cuisson **1 h 30 (repos & réfrigération)**

Tarte aux abricots & aux pruneaux au cognac

INGRÉDIENTS

150 g d'abricots secs hachés
180 g de pruneaux dénoyautés hachés
60 ml de cognac
155 g de beurre froid en cubes
250 g de farine
60 ml d'eau glacée, environ
½ c. à c. de quatre-épices
55 g de cassonade blonde
125 ml d'eau
2 c. à s. de fécule de maïs
1 blanc d'œuf
1 c. à s. de sucre non raffiné

1. Faites macérer les fruits secs dans le cognac pendant 10 minutes.

2. Mélangez le beurre et la farine du bout des doigts. Ajoutez assez d'eau pour amalgamer les ingrédients. Pétrissez la pâte sur un plan de travail fariné jusqu'à ce qu'elle soit homogène. Aplatissez-la un peu, puis enveloppez-la de film alimentaire et mettez-la 30 minutes au frais.

3. Faites chauffer les fruits au cognac, les épices, la cassonade et 125 ml d'eau dans une casserole 5 minutes à feu moyen, à couvert, jusqu'à ce que la cassonade soit dissoute et les fruits ramollis. Délayez la fécule de maïs dans 1 cuillerée à soupe d'eau. Versez-la dans le mélange de fruits et faites cuire, en remuant, jusqu'à épaississement. Laissez refroidir.

4. Graissez un moule de 24 cm de diamètre à bords cannelés et à fond amovible. Abaissez les ¾ de la pâte sur un plan de travail fariné ou entre 2 feuilles de papier sulfurisé. Foncez le moule, coupez l'excédent de pâte. Piquez le fond avec une fourchette et placez 30 minutes au frais.

5. Préchauffez le four à 200 °C. Abaissez le reste de pâte sur 5 mm d'épaisseur. Découpez des bandes de 1 cm de large. Étalez la préparation aux fruits sur le fond de tarte, puis disposez les bandes de pâte sur le dessus en les croisant et en les laissant dépasser un peu. Soudez-les aux bords de la tarte. Coupez l'excédent. Badigeonnez la pâte de blanc d'œuf et saupoudrez de sucre non raffiné.

6. Faites cuire la tarte 45 minutes. Laissez-la reposer 10 minutes dans le moule avant de la servir avec de la crème anglaise ou de la glace à la vanille.

8 PERS.

Préparation + cuisson **40 minutes**

Tarte aux abricots & à la pistache

INGRÉDIENTS

850 g d'oreillons d'abricot en conserve
2 rouleaux de pâte feuilletée
45 g de pistaches décortiquées, non salées
2 c. à s. de sucre demerara
2 c. à s. de confiture d'abricots
2 c. à c. d'eau chaude

1. Préchauffez le four à 240 °C. Chemisez 2 plaques de four de papier sulfurisé. Égouttez les abricots et jetez leur jus. Faites-les bien sécher sur du papier absorbant puis coupez-les en tranches.

2. Découpez 2 rectangles dans chaque pâte feuilletée et placez-les sur des plaques de four. Pratiquez une incision à 1 cm des bords à l'aide d'un couteau sans couper la pâte (afin que les bords gonflent à la cuisson). Piquez les feuilles avec une fourchette sauf sur la bordure.

3. Hachez grossièrement les pistaches à l'aide d'un robot. Réservez-en la moitié. Hachez finement le reste de pistaches.

4. Éparpillez les pistaches finement hachées et la moitié du sucre sur les rectangles de pâte en laissant la bordure intacte. Garnissez d'abricots. Saupoudrez avec le reste de sucre et parsemez de pistaches grossièrement hachées.

5. Faites cuire les tartes environ 15 minutes. Mélangez la confiture et l'eau. Badigeonnez les abricots et les bords de pâte de ce glaçage. Enfournez 2 minutes pour que les tartes soient dorées. Servez-les chaudes avec de la glace à la vanille ou de la crème liquide.

10 PIÈCES

Préparation + cuisson **45 minutes (+ réfrigération)**

Tartelettes à la mousse au chocolat blanc & au citron vert

INGRÉDIENTS

90 g de chocolat blanc grossièrement haché
160 ml de crème fraîche fouettée
1 jaune d'œuf
3 c. à c. de zeste de citron vert râpé

PÂTE AU GINGEMBRE
225 g de farine
2 c. à s. de sucre glace
1 c. à c. de gingembre moulu
125 g de beurre froid coupé en cubes
1 jaune d'œuf
2 c. à s. d'eau glacée, environ

1. Préparez la pâte au gingembre. Dans un bol, malaxez la farine, le sucre glace, le gingembre et le beurre du bout des doigts jusqu'à l'obtention d'une pâte sableuse. Ajoutez le jaune d'œuf et juste assez d'eau pour amalgamer les ingrédients. Pétrissez la pâte sur un plan de travail fariné. Emballez-la dans de film alimentaire. Placez 30 minutes au réfrigérateur.

2. Beurrez 10 moules à tartelette à fond amovible de 8 cm de diamètre. Divisez la pâte en dix, puis abaissez chaque pâton au rouleau, entre 2 feuilles de papier sulfurisé. Garnissez-en les moules. Pressez bien la pâte sur les parois, puis égalisez le pourtour. Piquez le fond avec une fourchette, posez les moules sur des plaques, puis placez pour 20 minutes au réfrigérateur.

3. Préchauffez le four à 200 °C. Faites cuire la pâte 20 minutes, puis laissez refroidir.

4. Faites fondre le chocolat au bain-marie, puis laissez-le refroidir 10 minutes. Fouettez la crème avec un batteur électrique jusqu'à ce que des pics se forment. Incorporez le jaune d'œuf et le zeste de citron au chocolat, puis la crème fouettée. Répartissez la mousse au chocolat dans les tartelettes. Faites prendre 2 heures au réfrigérateur.

24 PIÈCES

Préparation + cuisson **45 minutes (+ réfrigération)**

Tartelettes à la confiture

INGRÉDIENTS

260 g de farine
40 g de sucre glace + 2 c. à c.
185 g de beurre doux froid coupé en gros cubes
1 jaune d'œuf
2 c. à c. d'eau glacée, environ
2 c. à s. de confiture de fraises
2 c. à s. de confiture d'abricots
2 c. à s. de confiture de framboises
2 c. à s. de confiture de cerises noires

1. Mixez la farine, 40 g de sucre glace et le beurre jusqu'à l'obtention d'un mélange sableux. Sans cesser de mixer, ajoutez le jaune d'œuf et suffisamment d'eau pour obtenir une pâte. Pétrissez-la sur un plan de travail fariné jusqu'à ce qu'elle soit lisse. Abaissez la moitié de la pâte à 3 mm d'épaisseur, entre 2 feuilles de papier sulfurisé. Répétez l'opération avec le reste de pâte. Disposez les 2 pâtes sur des plaques et placez-les 30 minutes au réfrigérateur.

2. Beurrez 2 moules à minimuffins de 12 alvéoles (20 ml). Découpez 24 disques de 5,5 cm de diamètre dans la pâte, puis mettez-les dans les alvéoles. Piquez les fonds de tartelette avec une fourchette et placez 30 minutes au réfrigérateur. Abaissez les chutes de pâte à 3 mm d'épaisseur, entre 2 feuilles de papier sulfurisé, et placez 30 minutes au réfrigérateur.

3. Préchauffez le four à 220 °C. Faites cuire les fonds de tartelette 8 minutes environ. Répartissez la confiture de fraises dans 6 fonds de tartelettes. Faites de même avec les autres confitures et les autres fonds de tartelettes. Découpez 12 disques de 3,5 cm de diamètre dans la pâte restante, coupez-les en deux et ajoutez-les sur les tartelettes.

4. Enfournez 10 minutes, puis laissez refroidir. Placez 30 minutes au réfrigérateur. Saupoudrez les tartelettes du sucre glace tamisé avant de servir.

16 PERS.

Préparation + cuisson **45 minutes (+ congélation)**

Alaska coco-mangue

INGRÉDIENTS

450 g de quatre-quarts, rond de préférence
500 ml de sorbet à la mangue
750 ml de sorbet à la noix de coco
4 blancs d'œufs à température ambiante
165 g de sucre extra fin
160 ml d'eau
1 pincée de crème de tartre

1. Avec un couteau-scie, fendez le quatre-quarts en deux. En utilisant un moule à bombe ou à charlotte en guise de gabarit, découpez 2 disques dans les moitiés du quatre-quarts : un de la taille du fond du moule et un autre de la taille du haut. Graissez le moule et tapissez-le de film alimentaire.

2. Foncez-le avec un des disques. Tapissez ses parois de morceaux de quatre-quarts que vous couperez à la bonne taille. Avec une cuillère, garnissez l'intérieur de sorbet à la mangue, puis laissez durcir au congélateur. Posez le second disque de quatre-quarts sur le sorbet, garnissez de sorbet à la noix de coco et recouvrez de film alimentaire. Laissez toute la nuit au congélateur.

3. Démoulez le dessert sur un plat de service. Décollez le film alimentaire. Remettez la bombe glacée au congélateur.

4. Faites chauffer le sucre et l'eau dans une petite casserole à feu vif en remuant, mais sans laisser bouillir, jusqu'à ce que le sucre soit dissous. Portez à ébullition, puis baissez le feu et laissez mijoter jusqu'à ce que la température du sirop atteigne 115 °C. Battez les blancs d'œufs avec la crème de tartre au mixeur jusqu'à ce que de légers pics se forment. Amenez la température du sirop à 121 °C. En continuant de battre, incorporez progressivement, en un filet continu, le sirop brûlant dans les blancs d'œufs. Continuez de battre jusqu'à ce que les blancs soient épais, brillants et à température ambiante.

5. En travaillant rapidement, enrobez le gâteau de meringue et dorez au chalumeau. Servez.

6 PERS.

Préparation + cuisson **50 minutes (+ réfrigération & congélation)**

Fondants au chocolat, glace au café & au mascarpone

INGRÉDIENTS

180 g de chocolat noir cassé en morceaux
125 g de beurre en petits cubes
2 œufs + 2 jaunes d'œufs à température ambiante
75 g de sucre extra fin
35 g de farine
90 g de chocolat au lait cassé en morceaux
60 ml de crème liquide
2 c. à c. de sucre glace

GLACE AU CAFÉ & AU MASCARPONE

1 ½ c. à s. de café soluble
1 ½ c. à s. d'eau bouillante
300 ml de crème épaisse
160 g de sucre glace
250 g de mascarpone

1. Préparez la glace au café et au mascarpone. Tapissez le fond d'un bac à glace de 18 × 28 cm de papier sulfurisé, en le laissant dépasser de 5 cm sur les côtés. Faites dissoudre le café dans l'eau. Battez la crème et le sucre glace tamisé au mixeur jusqu'à ce que des pics légers se forment. Incorporez le café et le mascarpone. Versez le mélange dans le bac. Lissez la surface. Recouvrez de papier d'aluminium. Laissez prendre au moins 4 heures au congélateur.

2. Faites fondre le chocolat avec le beurre dans une petite casserole sur feu doux, en remuant. Laissez refroidir 10 minutes. Battez les œufs, les jaunes d'œufs et le sucre 5 minutes au mixeur jusqu'à ce que le mélange soit épais et crémeux. Incorporez-le avec la farine tamisée au chocolat fondu. Laissez reposer 2 heures au frais.

3. Préchauffez le four à 200 °C. Beurrez un moule à muffins de 6 alvéoles (180 ml) et répartissez la préparation. Faites cuire les fondants 10 minutes.

4. Faites fondre le chocolat au lait avec la crème liquide dans une petite casserole. Remuez sur feu doux jusqu'à ce que la sauce soit homogène.

5. Posez le bloc de glace sur une planche. Avec un emporte-pièce de 8,5 cm de diamètre, découpez 6 disques. Disposez-les sur des assiettes de service. Démoulez les fondants. Placez-les sur les disques de glace. Saupoudrez de sucre glace tamisé. Servez les fondants immédiatement avec la sauce au chocolat.

12 PERS.

Préparation + cuisson **1 heure (+ refroidissement & congélation)**

Forêt-noire glacée

INGRÉDIENTS

250 g de chocolat noir
125 g de beurre en cubes
100 g de farine
1 c. à c. de levure chimique
150 g de sucre
4 œufs

500 g de glace amarena
500 ml de crème épaisse
40 g de sucre glace
150 g de chocolat noir pour les copeaux
12 cerises fraîches (85 g)

SIROP AU KIRSCH
55 g de sucre
60 ml d'eau
2 c. à s. de kirsch

1. Préchauffez le four à 180 °C. Graissez 2 moules à gâteau de 20 cm de diamètre, chemisez-les de papier sulfurisé.

2. Faites fondre le chocolat avec le beurre au bain-marie. Laissez refroidir. Incorporez la farine tamisée avec la levure, le sucre, puis les œufs. Répartissez la pâte dans les moules. Enfournez 20 minutes. Laissez reposer les gâteaux 5 minutes puis démoulez-les sur une grille.

3. Préparez le sirop au kirsch. Faites chauffer à feu vif le sucre et l'eau, en remuant, sans les laisser bouillir. Quand le sucre est dissous, portez à ébullition. Laissez refroidir. Ajoutez le kirsch et remuez.

4. Avec un couteau-scie, coupez chaque gâteau en deux. Versez la glace dans un grand saladier. Remuez-la avec une cuillère en bois de façon à la ramollir.

5. Tapissez un des moules, nettoyé, de film alimentaire, en le laissant dépasser de 10 cm sur les côtés. Mettez en place une moitié de gâteau à l'intérieur. Arrosez-la de 2 cuillerées à soupe de sirop au kirsch. Étalez dessus un tiers de la glace. Répétez cette opération avec deux autres moitiés de gâteau, le reste de sirop et de glace. Posez sur le dessus le dernier disque de gâteau en pressant bien. Enveloppez le gâteau de film alimentaire. Laissez toute la nuit au congélateur.

6. Battez la crème et le sucre glace tamisé jusqu'à ce que des pics légers se forment. Réfrigérez. Démoulez le gâteau en le retournant sur un plat de service, retirez le film. Recouvrez-le de crème fouettée. Avec un économe, réalisez des copeaux de chocolat noir et décorez le gâteau. Répartissez les cerises fraîches.

16 PERS.

Préparation + cuisson **45 minutes (+ refroidissement & congélation)**

Brownie glacé & caramel aux amandes

INGRÉDIENTS

300 g de chocolat noir
185 g de beurre
25 g de cacao en poudre amer
220 g de cassonade
165 g de sucre extra fin
2 c. à c. d'extrait de vanille
4 œufs
225 g de farine
500 ml de glace au caramel

GANACHE

300 ml de crème liquide
200 g de chocolat noir

CARAMEL AUX AMANDES

100 g d'amandes mondées, grillées
220 g de sucre extra fin
125 ml d'eau

1. Préchauffez le four à 160 °C. Graissez 2 moules carrés de 20 cm de côté. Chemisez-les de papier sulfurisé, en le laissant dépasser de 5 cm sur les côtés.

2. Faites fondre le chocolat et le beurre au bain-marie. Hors du feu, incorporez le cacao, les sucres, l'extrait de vanille, les œufs et la farine tamisée. Versez dans les moules et enfournez 35 minutes. Laissez refroidir les brownies dans les moules. Recouvrez-les de film alimentaire et mettez-les au congélateur.

3. Tapissez de film alimentaire un moule carré propre de 20 cm de côté. Placez-y un des brownies. Battez la glace avec une cuillère en bois de façon à la ramollir. Étalez-la sur le brownie. Couvrez, laissez prendre au congélateur. Recouvrez la glace du second brownie, en le posant à l'envers. Pressez légèrement. Couvrez et laissez toute la nuit au congélateur.

4. Préparez la ganache. Portez la crème à ébullition dans une petite casserole, puis retirez du feu. Ajoutez le chocolat en morceaux et remuez. Laissez raffermir au réfrigérateur. Battez la ganache au mixeur afin de pouvoir l'étaler.

5. Préparez le caramel aux amandes. Étalez les amandes sur une plaque chemisée de papier sulfurisé. Faites chauffer le sucre et l'eau dans une petite casserole sur feu vif, en remuant. Quand le sucre est dissous, faites bouillir 10 minutes, sans remuer. Retirez du feu et attendez que les bulles disparaissent. Nappez les amandes de ce caramel. Laissez prendre à température ambiante. Juste avant de servir, garnissez le dessus du gâteau de ganache et de caramel aux amandes. Découpez des parts carrées.

12 PERS.

Préparation + cuisson **2 heures (+ refroidissement & réfrigération)**

Gâteau à la banane & caramel au beurre

INGRÉDIENTS

375 g de beurre ramolli
440 g de sucre
6 œufs à température ambiante
7 bananes bien mûres (460 g) écrasées en purée
525 g de farine
1 sachet de levure chimique
240 g de cerneaux de noix de pécan grillées et hachées

GLAÇAGE AU CARAMEL

220 g de cassonade blonde
125 ml de crème liquide
125 g de beurre en cubes
250 g de cream cheese à température ambiante

SAUCE AU CARAMEL

185 g de beurre
220 g de cassonade blonde
250 ml de crème liquide

1. Préchauffez le four à 180 °C. Graissez 2 moules de 20 cm de diamètre. Chemisez le fond de papier sulfurisé.

2. Préparez le glaçage. Faites chauffer le sucre, la crème et la moitié du beurre à feu moyen, en remuant. Quand le mélange est lisse, portez à ébullition, en remuant. Baissez le feu et laissez mijoter 5 minutes, à découvert. Transvasez dans un bol et mettez au frais. Battez le reste de beurre avec le cream cheese. Incorporez la préparation refroidie. Couvrez et gardez 1 h 30 au réfrigérateur.

3. Préparez la sauce au caramel. Faites chauffer le beurre avec le sucre et la crème, en remuant. Quand la sauce est lisse, portez à ébullition, puis réduisez le feu et laissez mijoter 3 minutes. Couvrez et placez au frais.

4. Battez le beurre avec le sucre au mixeur. Ajoutez les œufs un à un. Ajoutez la purée de bananes, puis la farine tamisée avec la levure. Répartissez la pâte dans les moules. Faites cuire les gâteaux 50 minutes. Démoulez et laissez refroidir.

5. Coupez les gâteaux en deux dans l'épaisseur. Placez un disque, côté coupé vers le haut, sur un plat de service. Étalez dessus 60 ml de sauce au caramel, puis 125 ml de glaçage. Étalez 60 ml de sauce au caramel sur la surface coupée d'un autre disque de gâteau. Posez-le sur le précédent, côté sauce vers le bas. Étalez dessus 60 ml de sauce, puis 125 ml de glaçage. Superposez les disques restants et terminez par une couche de glaçage. Badigeonnez de glaçage les côtés du gâteau et collez les noix de pécan. Mettez le gâteau 2 heures au réfrigérateur. Servez avec le reste de sauce au caramel.

12 PERS.

Préparation + cuisson **1 h 30 (+ réfrigération & refroidissement)**

Gâteau aux amandes & aux pistaches sauce à la grenade

INGRÉDIENTS

560 g de yaourt grec
160 g d'amandes
140 g de pistaches décortiquées, non salées
4 œufs, blancs et jaunes séparés
165 g de sucre
120 g de poudre d'amandes
40 g de beurre fondu
160 g de sucre glace
1 grenade (320 g)

SAUCE À LA GRENADE
2 grenades (620 g)
55 g de sucre
1 c. à s. de fécule de maïs

1. Placez une passoire sur un bol, recouvrez de mousseline ou de papier absorbant. Versez le yaourt, couvrez et laissez s'égoutter toute la nuit au réfrigérateur.

2. Préchauffez le four à 160 °C. Graissez un moule à gâteau profond de 25 cm de diamètre. Chemisez le fond de papier sulfurisé.

3. Faites rôtir les amandes sur une plaque de four 10 minutes. Ajoutez les pistaches et poursuivez la cuisson 2 minutes. Laissez refroidir, puis passez les amandes et les pistaches dans un robot de façon à les moudre grossièrement.

4. Battez les blancs d'œufs et le sucre avec un batteur électrique jusqu'à ce que le sucre soit dissous. Incorporez les jaunes d'œufs, en battant. Ajoutez les amandes et les pistaches, puis la poudre d'amandes et le beurre fondu. Versez la préparation dans le moule. Enfournez 45 minutes. Laissez le gâteau refroidir dans le moule.

5. Préparez la sauce à la grenade. Coupez les grenades en deux et pressez-les avec un presse-agrumes. Vous aurez besoin de 250 ml de jus. Mélangez le sucre et la fécule de maïs dans une petite casserole et ajoutez progressivement le jus de grenade. Faites cuire, en tournant, sur feu vif, jusqu'à ce que la sauce bouille et épaississe.

6. Fouettez le yaourt égoutté et le sucre glace tamisé jusqu'à ce que des pics se forment. Coupez la grenade en deux et prélevez ses graines. Servez le gâteau avec le yaourt, les graines de grenade et la sauce à la grenade.

12 PERS.

Préparation + cuisson **1 h 30**

Gâteau au gingembre & figues au caramel

INGRÉDIENTS

1 grosse poire ferme (330 g)
250 g de beurre ramolli
330 g de sucre + 1 c. à s.
3 œufs à température ambiante
115 g de mélasse
300 g de farine
1 ½ c. à c. de bicarbonate de soude
2 c. à s. de gingembre moulu
1 c. à s. de cannelle
160 ml d'eau chaude
6 figues fraîches (360 g)

SAUCE AU CARAMEL

220 g de sucre
125 ml d'eau
300 ml de crème fraîche épaisse

1. Préchauffez le four à 180 °C. Graissez un moule carré profond de 22 cm de côté. Chemisez le fond et les parois de papier sulfurisé.

2. Pelez la poire et râpez-la grossièrement. Battez le beurre avec 330 g de sucre avec un batteur électrique jusqu'à ce qu'il soit aérien et mousseux. Ajoutez les œufs un à un, en battant. Ajoutez la mélasse sans cesser de battre. Ajoutez la farine tamisée, le bicarbonate de soude, les épices, la poire et l'eau chaude. Versez cette pâte dans le moule. Faites cuire environ 1 heure. Laissez le gâteau reposer 10 minutes avant de le démouler sur une grille en métal.

3. Préparez la sauce au caramel. Faites chauffer le sucre et l'eau sur feu vif, en remuant, sans faire bouillir, jusqu'à ce que le sucre soit dissous. Portez à ébullition et faites bouillir, sans remuer, jusqu'à ce que le sirop ait la couleur du caramel. Retirez du feu. Ajoutez délicatement la crème (le caramel va crépiter et bouillonner). Remuez sur feu doux jusqu'à ce que les morceaux de caramel fondent et que la sauce soit lisse.

4. Préchauffez le gril du four. Coupez les figues en deux. Disposez-les sur une plaque de four, côté coupé vers le haut. Saupoudrez le sucre. Faites griller les figues jusqu'à ce qu'elles brunissent légèrement.

5. Garnissez le dessus du gâteau chaud avec les figues. Servez avec la sauce au caramel et de la crème ou de la glace.

Glossaire

BICARBONATE DE SOUDE
Agent levant utilisé en pâtisserie.

CACAO EN POUDRE
Fèves de cacao séchées, grillées et moulues, non sucrées. Celui du commerce est alcalinisé pour neutraliser son acidité. De couleur brun-rougeâtre foncé, il a une saveur douce et se dissout facilement dans un liquide.

CANNELLE
Écorce interne séchée de jeunes rameaux de cannelier, présentée sous forme de bâton ou moulue.

CARDAMOME
Épice originaire d'Inde, présentée en gousse, en graines ou moulue. Possède un arôme caractéristique et une saveur agréablement riche. L'une des épices les plus chères.

CHOCOLAT

chocolat au lait chocolat à croquer le plus courant, doux et très sucré. Semblable au chocolat noir à la différence qu'il contient des extraits secs de lait.

chocolat blanc ne contient pas de matière sèche de cacao mais tient sa saveur sucrée du beurre de cacao. Il est très sensible à la chaleur, surveillez bien quand vous le faites fondre.

chocolat noir à croquer ou de dégustation. Il possède une teneur élevée en liqueur et en beurre de cacao et un peu de sucres ajoutés.

pépites il existe des pépites de chocolat noir, au lait ou blanc.

pistoles petits disques de chocolat noir, au lait ou blanc, l'idéal pour faire fondre ou mouler.

CITRONNELLE
Herbe longue, touffue et pointue, ayant un goût et un parfum citronnés. La partie blanche, une fois hachée, est utilisée en cuisine. Frottez-la avec le plat de la lame d'un couteau pour qu'elle libère son arôme.

CLOU DE GIROFLE
Bouton floral d'un arbre tropical, utilisé séché, entier ou moulu. Arôme et saveurs caractéristiques âcres et piquants.

COLORANT ALIMENTAIRE
Ces colorants modifient la couleur des aliments. Comestibles, ils ne changent pas le goût de manière significative.

CRÈME DE TARTRE
Agent acide de la levure chimique qui permet aux glaçages de rester crémeux et stabilise les blancs d'œufs battus. En confiserie, elle empêche le sucre de cristalliser.

EAU DE FLEUR D'ORANGER
Arôme concentré issu de fleurs d'oranger. En vente dans les épiceries orientales, les épiceries fines et certains supermarchés. Ne la remplacez pas par un arôme d'agrumes car le goût est totalement différent.

EAU DE ROSE
Extrait de pétales de rose broyés utilisé pour ses qualités aromatiques dans nombre de confiseries et desserts. Ne pas confondre avec l'essence de rose, plus concentrée.

ÉPICES POUR PAIN D'ÉPICES
Mélange d'épices moulues généralement composé de quatre-épices, de cannelle et de noix de muscade.

ESSENCE/EXTRAIT
L'essence est soit un concentré d'un ingrédient obtenu par distillation soit un produit de synthèse. Les essences de noix de coco et d'amande sont des produits de synthèse. Un extrait s'obtient en extrayant l'arôme d'un produit. Pour la vanille, les gousses sont trempées, généralement dans de l'alcool, pour en retirer un arôme authentique.Essence et extrait se conservent indéfiniment à l'abri de la lumière et de la chaleur.

EXTRAIT DE MENTHE

Obtenu par distillation des huiles essentielles de feuilles de menthe poivrée. Souvent utilisé en cuisine.

FÉCULE DE MAÏS

Agent épaississant.

FRANGIPANE

À base de poudre d'amandes, de sucre et de glucose. Semblable à la pâte d'amandes, mais moins forte en goût, plus fine de consistance et plus souple. Les marques bon marché utilisent souvent des noyaux d'abricot moulus et du sucre.

FROMAGE

cream cheese de marque Philadelphia® par exemple, il s'agit de fromage frais au lait de vache, riche en matières grasses.

mascarpone produit crémier frais italien fabriqué comme les yaourts, blanchâtre à jaune crème, il présente une texture crémeuse et fondante.

ricotta le nom de ce fromage frais blanc au lait de vache signifie « recuit ». Il est fabriqué à partir de petit-lait, un sous-produit résultant de l'élaboration d'autres fromages, auquel du lait et des acides sont ajoutés. Il s'agit d'un fromage frais doux légèrement granuleux.

FRUIT DE LA PASSION

Petit fruit exotique originaire du Brésil, composé d'une peau externe dure entourant des graines noires comestibles et une pulpe acidulée.

FRUITS À COQUE

amandes noix brunes, plates et pointues renfermant une amande blanc crème couverte d'une peau brune. Les amandes blanchies sont des amandes entières dont la peau a été retirée. Les amandes effilées sont coupées en fines lamelles. Les amandes moulues sont aussi appelées « poudre d'amandes ».

noix elles sont logées dans une bogue verte et lisse retirée lors de la récolte pour la vente des noix mûres. Une noix se compose de deux cerneaux distincts, ovales et ridés.

noix de cajou noix en forme de rein poussant sous les fruits de l'anacardier. Riches en matières grasses, elles ont un goût sucré et de beurre. Conservez-les dans une boîte hermétique pour qu'elles rancissent moins vite.

noisettes fruits secs de la forme d'un grain de raisin, riches et doux, à la peau brune non comestible que l'on ôte en frottant les noisettes chaudes vigoureusement dans un torchon.

noix de macadamia noix riches au goût de beurre, à conserver au réfrigérateur en raison de leur teneur élevée en matières grasses.

noix de pécan originaires des États-Unis, noix riches au goût de beurre, brun-doré.

pignons de pin petites graines de couleur crème issues des pommes de pin.

pistaches noix vert pâle croquantes, de saveur délicatement sucrée, logées dans une coque dure blanc cassé. Pour peler des pistaches, plongez les pistaches sorties de leurs coques pendant 5 minutes dans de l'eau bouillante, égouttez puis séchez-les avec du papier absorbant. Frottez-les dans un torchon pour les peler.

pour griller des fruits à coque, mettez-les, décortiqués et pelés, dans une petite poêle, sur une seule épaisseur. Faites chauffer à feu doux, sans matière grasse, en remuant souvent, jusqu'à ce qu'ils soient parfumés et colorent à peine. Retirez-les aussitôt de la poêle pour qu'ils ne brûlent pas.

FRUITS CONFITS

Fruits que l'on fait bouillir dans un sirop de sucre épais pour les conserver.

GÉLATINE

Nous utilisons de la gélatine en poudre. Elle existe aussi sous forme de feuilles. 3 c. à c. de gélatine en poudre (8 g, ou un sachet) équivalent à 4 feuilles.

GERME DE BLÉ

Partie qui permet la germination puis la repousse d'une nouvelle plante. Il a une saveur de noisette et est riche en huile, c'est pourquoi il rancit très rapidement. Il est retiré généralement pendant la mouture. Vous en trouverez dans les magasins bio et les supermarchés.

GINGEMBRE

confit racine de gingembre fraîche conservée dans un sirop de sucre. Une fois rincé à l'eau chaude et séché, il peut remplacer le gingembre frais.

moulu il est utilisé pour parfumer, mais ne remplace pas le gingembre frais.

LAIT CONCENTRÉ SUCRÉ

Lait dont 60 % de sa teneur en eau a été extraite, et qui a ensuite été sucré.

LAIT FERMENTÉ

Pauvre en matières grasses, il se trouve au rayon crémerie en supermarché.

LAIT MALTÉ (POUDRE)

Mélange de farine de blé, de farine de malt et de lait que l'on assèche pour donner une poudre fine facilement absorbable par un liquide.

LIQUEUR

Nous utilisons les suivantes, mais employez les marques que vous préférez.

d'agrumes Cointreau®.

d'orange Grand-Marnier® ou curaçao.

de café Kahlúa® ou Tia Maria®.

de cerise kirsch.

de chocolat crème de cacao.

de framboise pas de marque.

de noisette Frangelico®.

de noix de coco Malibu®.

LOUKOUM

Confiserie très populaire au Moyen-Orient. En turc, *rahat lokum* signifie « repos pour la gorge ». Il s'agit d'un mélange de sirop et de fécule de maïs cuit avec du miel ou du jus de fruits, puis le plus souvent parfumé à l'eau de rose ou à la menthe.
Une fois durcis, les loukoums sont roulés dans du sucre glace. En vente dans les confiseries et la plupart des supermarchés.

MÉLASSE

Sirop de sucre raffiné et concentré à la saveur caractéristique et de couleur noir foncé.

NOIX DE COCO

copeaux minces rubans de noix de coco séchée.

crème obtenue lors de la première pression de la pulpe de coco, sans addition d'eau.

extrait produit de synthèse à base d'arômes, d'huiles et d'alcool.

fraîche pour ouvrir une noix de coco fraîche, percez l'un des yeux puis passez-la brièvement à four très chaud jusqu'à ce que la coque se fendille. Laissez refroidir, puis tapez la noix de coco pour la casser.

lait il ne s'agit pas du jus présent à l'intérieur du fruit (l'eau de coco), mais d'un liquide dilué obtenu à partir de la pulpe blanche pressée d'une noix de coco mûre. Après un temps de repos, la crème et le « lait » (un liquide fluide blanc) se séparent naturellement.

râpée pulpe de noix de coco concentrée, séchée et finement râpée, non sucrée.

pour griller de la noix de coco, remuez la noix de coco dans une poêle sur feu doux, pendant 3 minutes environ, jusqu'à ce qu'elle dore. Retirez vite du feu afin qu'elle ne brûle pas.

NOIX DE MUSCADE

Épice forte et âcre issue d'une noix séchée d'un arbre persistant indonésien.
Le plus souvent moulue, elle se présente aussi entière à râper. Le goût est plus intense si elle est fraîchement râpée.

ŒUF

Certaines recettes de cet ouvrage emploient des œufs crus ou peu cuits, aussi soyez prudent s'il y a des cas de salmonelle dans votre région. Les personnes les plus à risque sont les femmes enceintes, les jeunes enfants, les personnes âgées et celles dont le système immunitaire est affaibli.

PAPIER SULFURISÉ

Papier enduit de silicone principalement utilisé pour chemiser les moules ou recouvrir les plaques de cuisson afin que les gâteaux et biscuits n'adhèrent pas et pour faciliter le démoulage.

PÂTE

brisée pâte à base de beurre, tendre, croustillante et fondante. Une fois cuite, elle est légère et se brise facilement.

feuilletée pâte légère et croustillante. La pâte est étalée et repliée plusieurs fois sur elle-même avec de la matière grasse pour former de multiples épaisseurs.

Après cuisson, elle est gonflée et s'émiette. Elle est à base de beurre ou d'un mélange de matières grasses d'origine végétale et animale.

filo elle se démarque par le fait qu'elle ne contient pas de matières grasses ajoutées. De texture très élastique, elle n'est pas étalée comme les autres pâtes, mais étirée jusqu'à l'épaisseur souhaitée. On obtient ainsi ces feuilles fragiles fines comme du papier. Il est conseillé de les badigeonner de margarine ou de beurre fondus avant cuisson.

pré-étalée abaisse déjà étalée de pâte feuilletée ou brisée, que l'on trouve en supermarché.

PERLES ARGENTÉS

Minuscules petits bonbons ronds de couleur métal argentée, dorée ou autre.

POUDRE À CRÈME PÂTISSIÈRE

Préparation instantanée servant à réaliser de la crème pâtissière.

POUDRE DE NOISETTES

Noisettes réduites en une poudre plus ou moins fine.

QUATRE-ÉPICES ou piment de la Jamaïque. Épice originaire des Antilles. Sous forme entière ou moulue, il rappelle la saveur du clou de girofle, de la cannelle, de la noix muscade et du gingembre.

RHUBARBE

Plante à longues tiges vert-rouge, sucrées et comestibles une fois cuites. Seules les tiges sont consommables ; les feuilles sont toxiques.

RHUM

Le terme « proof » remonte à l'époque où les acheteurs voulaient s'assurer qu'il n'était pas additionné d'eau. Ils mélangeaient une quantité égale de rhum et de poudre à canon et l'allumaient. Si le mélange prenait feu, le rhum était pur, « proof », sinon il était jugé « underproof ». Le terme désigne maintenant un rhum composé au moins d'alcool à 50 % par volume (ou « 100 proof »). « Underproof » signifie que son degré est inférieur à 50 %, « overproof » qu'il est supérieur à 50 %.

SIROP D'ÉRABLE

Sirop fin obtenu par distillation de la sève de l'érable.

SUCRE

cassonade blonde sucre à grains très fins qui contient de la mélasse, laquelle lui confère sa saveur et sa couleur caractéristiques.

cassonade brune sucre brun foncé à la saveur riche caractéristique issu d'un sirop de melasse naturel.

demerara sucre doré en grains à la saveur riche caractéristique, souvent utilisé pour sucrer le café.

sucre brut sucre brun naturel en poudre.

sucre cristal sucre à gros grains.

sucre en poudre sucre à grains fins.

sucre glace sucre broyé avec un peu d'amidon de maïs ajouté. La version pure ne contient pas d'amidon.

sucre perlé produit du raffinage du sucre blanc, il est grossier, blanc opaque et ne fond pas à la cuisson. En vente dans les boutiques spécialisées.

VANILLE

extrait obtenu à partir de gousses de vanille infusées dans de l'eau. C'est une version sans alcool de l'essence. L'essence de vanille ou les extraits de vanille de synthèse ne remplacent pas l'extrait naturel de façon satisfaisante. Conserver à l'abri de la chaleur et de la lumière.

gousse longue et fine gousse séchée issue d'une orchidée tropicale jaune d'or cultivée notamment en Amérique centrale et du Sud ainsi qu'à Tahiti. Les minuscules graines noires qu'elle contient confèrent un délicieux arôme de vanille aux pâtisseries et aux desserts.

pâte confectionnée avec des gousses, elle contient des graines de vanille. Elle est très concentrée : 1 c. à c. de pâte de vanille remplace une gousse entière et évite de devoir fendre puis gratter une gousse. On en trouve au rayon pâtisserie de la plupart des supermarchés.

Index

Suivi éditorial : Natacha Kotchetkova
Mise en pages : Les PAOistes

Hachette Livre, Marabout
58, rue Jean-Bleuzen
92178 Vanves Cedex

Dépôt légal : février 2019
1054417/01
ISBN : 978-2-501-13664-8
Photogravure : Quadrilaser
Achevé d'imprimé en janvier 2019 sur les presses de Grafica Cayfosa, en Espagne

PAPIER À BASE DE FIBRES CERTIFIÉES

MARABOUT
s'engage pour l'environnement
en réduisant l'empreinte carbone
de ses livres.
Celle de cet exemplaire est de :
1600 g éq. CO_2
Rendez-vous sur
www.marabout-durable.fr